高速マスター
30分で50語を記憶!
英単語

はじめに

　私は現在、大学の英語教員をしていますが、以前はプロの英語通訳・翻訳者をしていました（その他、英語講師などもしていましたが）。そういう経歴を聞くと、きっと学生時代に海外へ留学して勉強したんだろう、とか中学・高校のとき、英語が得意科目だったのだろうと思うかもしれません。実際、英語の教師、通訳・翻訳など実用英語を職業としている人の多くが、学生時代に留学経験があるか、学校で英語の成績がよかった、という人がほとんどです。

　ところが私の場合、日本の学校だけで勉強し、海外へ留学したことも住んだこともありません。そのうえ、中・高生のときは、学校英語もおちこぼれ状態でした。では、大学で英語ができるようになったのかというとそうではありません。運よく英文科に入りましたから、ある程度の英文読解力はつきました。しかしアメリカ人、イギリス人が来ると思わず逃げる（！）というくらい、英会話力もありませんでした。その後、本格的な実用英語の勉強を始めたのは、30歳目前です。なんとも実用英語を身につけるには遅い、いや遅すぎるスタートでした。30歳目前から独学で、しかも日本から一歩も出ずに英語を勉強したとしても、身につく英語力はたかが知れています。どんなに勉強したところで、プロ通訳者のレベルには達しないはずでした。実際、リスニングで壁に突き当たってしまい、悩んだ末に通訳学校の門を叩くことにしたのでした。通訳学校に行くことに決めたのは、通訳者を養成しているのなら、リスニングの突破口を開いてくれるノウハウがあるに違いない、と思ったからでした。

　私の勘は当たっていました。私が通ったのは大阪の老舗のスクールです。通訳学校は、厳しい訓練で有名なので、人によって向き不向きがあるかもしれません。しかし、当時の私にはまさしくぴったりでした。乾いた土が水を吸い込むように、はじめて体験する「プロ通訳訓練法」を吸収していったのです。そして数年かかって、会議通訳プロ科を卒業するころには、私の実用英語力は、以前とは比

べ物にならないくらい磨かれていました。プロとしてスタートを切れる力が整っていたのです。

　この年齢から私が成功できたのは、なによりも猛烈に勉強したからです。朝から晩まで、家にいても、歩いているときも電車の中でも時間の許すかぎり勉強しました。しかしいま冷静に振り返ってみると、英語も話せない人間が、30歳からただガムシャラに勉強しただけで、プロ通訳者になれるわけがないのも事実でしょう。通訳学校で学んだ「通訳訓練法」が大きな役割を果たしたのは間違いありません。

　筆者は、いままで通訳学校の講師として、大学の教員として、自分が学んだ通訳訓練法を使った授業を、高校生、大学生、社会人とさまざまなレベルの人たちに試してきました。そしてプロ通訳者の訓練だけでなく、英語学習者一般にも絶大な効果があることを確かめてきました。たとえば本書でメインに使用している「クイック・レスポンス」による英単語記憶術は、大学生に試してみたところ、8〜9割の人が英単語50語を10分程度で覚えられるという結果が出ています。しかし「誇大広告」と思われるのも困るので、「（個人差はありますが）30分で50語を記憶できる」と控えめにいっておきましょう。10分の3倍、30分もあればほぼ100％の人が50語を記憶できるはずですから。

　私の模擬授業を受けた人からは、「25語を5分で本当に覚えられた」「50語を10分で覚えられるとは思わなかった」「授業の最初と最後では、他の人の発音がネイティブに近づいてくるのがわかった」といった驚きの感想が寄せられています。これは、口と耳を使い、反射神経（＝無意識の領域）を利用するだけのことで、誰でも可能なことなのです。今までのように、目だけで単語（和訳）を覚えようとし、理性（＝意識の領域）ばかりを使っていては達成不可能といっていいでしょう。（詳しくは、「本書の使い方」をお読みください。）

　本書では、通訳訓練法のうち「クイック・レスポンス」「シャドーイング」「サイト・トランスレーション」を取り上げました。そ

して英単語を覚えるだけでなく、本当に使える英語を身につけることを目指しています。この方式が有効なことは、すでに多数の大学生を相手に実証されています。

本書は高校1・2年レベルから始められるようになっていますから、実用的な語学力を早く身につけたい高校生が勉強することもできます。本書の勉強は、センター試験など大学受験にもきっと役立つはずです。大学生・社会人の皆さんで本書を手に取った人は、飛躍的に英語力をアップできるチャンスです。いままで習得した英文法の知識、英語読解の技術を「能動的な英語」「使える英語」に転換できるのです。TOEIC®TESTの得点アップを目指す人なら、300〜600点レベルの人が使うと最も効果が上がるでしょう。TOEICの問題集と併行して勉強すれば、短期間で点数を大幅にアップできることは間違いありません。

本書では、VOA Special English、大学入試センター試験などのやさしめの英文を使っています。それも学習者の役に立つ素材ばかりです。「英単語集」の体裁を取ってはいますが、本書を学習することにより、「読む」「話す」「聴く」「書く」の力が確実にアップします。みなさんが効果的な方法を学び、一日も早く「使える英語」を身につけること。それだけが著者の願いです。

最後になりましたが、本書の作成に当たって、DHC出版事業部の礒部良さんに大変お世話になりました。

2007年2月吉日　小倉慶郎

目次

はじめに／3
本書の使い方／8

Chapter 01: Helen Keller: Life as an Adventure　ヘレン・ケラー：人生は冒険／20
Chapter 02: What Causes Tsunami?　津波はどう起こるのか／28
Chapter 03: Martin Luther King Jr. and the Civil Rights Movement　マーティン・ルーサー・キングと公民権運動／34
Chapter 04: How Did Hollywood Become Hollywood？　ハリウッドの誕生／44
Chapter 05: The Nuclear Bombing of Hiroshima　広島の原爆投下／54
Chapter 06: Mark Twain: One of America's Best Loved Writers　マーク・トウェイン：アメリカの愛すべき国民作家／62
Chapter 07: Why Americans Celebrate Christmas　アメリカ人がクリスマスを祝う理由／70
Chapter 08: Study Finds Only 5 Percent of Tropical Forests Are Protected　保全されている熱帯林はわずか5パーセントとの研究／84
Chapter 09: Thomas Edison: A Self-Taught Inventor　トマス・エジソン：独学の発明家／96
Chapter 10: Literacy: The Ability to Read and Write　リテラシー：読み書きの能力／108
Chapter 11: Babies Should Be Fed Only Breast Milk for the First 6 Months　乳児は生後6ヵ月は母乳で育てるべき／120
Chapter 12: How Smoking Affects Your Body　喫煙が体に与える影響／132
Chapter 13: Disney's Happiest Place on Earth　ディズニーの造った地上の楽園／142

Chapter 14: Lie Detector　うそ発見器／150
Chapter 15: Facts and Misconceptions About Bats　コウモリにまつわる真実と誤解／160
Chapter 16: Studies on Diet　ダイエットに関する研究／174
Chapter 17: Dreams　夢／184
Chapter 18: Question About Wall Street in New York　ニューヨークのウォール街／202
Chapter 19: *In Cold Blood*: How Truman Capote Invented the Nonfiction Novel　『冷血』創作の秘密／212
Chapter 20: Where Did the English Language Come From? (1)　英語の起源（1）／220
Chapter 21: Where Did the English Language Come From? (2)　英語の起源（2）／234
Chapter 22: Shark Life: Facts About Sharks　サメの生態／246
Chapter 23: The Importance of Biodiversity　生物多様性の重要性／256
Chapter 24: What Causes Allergies?　なぜアレルギーは起こるのか／266
Chapter 25: Carbon Emissions Trading　排出権取引／276

索引／286

本書の使い方

受け身の英語学習から、能動的な英語学習へ

　古代から、日本は大文明の周辺国でした。つまり大国の影響下にある小国でした。ですから、日本という国は、高度な文化を持つ「大文明国」から知識を吸収することだけを考えていればよかったのです。古代から江戸時代までは、日本の「先生」は中国でした。そして明治になってからは、アメリカ、イギリス、フランス、ドイツ（プロシア）、ロシアなどの西洋諸国が日本の先生に変わります。そして第2次大戦後は、アメリカが日本人の先生になりました。

　このように文化の進んだ大国に教えを請う、外国から知識を輸入する、という受身の態度は、当然のことながら、日本の外国語教育にも影響を与えました。過去の日本では、受動的に外国語を「ゆっくり正確に読む」ことに重点が置かれたのです。そして近代にはいっても外国語（英語）を話せない、聞けない、書けないでもあまり問題はない、まず「ゆっくり正確に読む」ことが重視され、文法・構文を中心とした精緻な読解法が発達したのです。

　これはこれで当時の日本のニーズに合わせた、すぐれた外国語学習法だったと思います。

　ところが、時代は変わろうとしています。現在の日本は国際化の一途をたどっています。

　日本企業でも、社内用語を英語とする企業が増えています。ビジネスの世界、インターネットの世界では英語が共通語として使われるようになりました。いまや、フランス人と日本人がビジネス交渉をするときは、フランス語ではなく英語を使うのが普通です。こうして、いままでのように英語（外国語）を「ゆっくり読んで正しく理解する」だけではすまされない時代がやってきたのです。

　海外留学に必要なTOEFL®TESTは、iBT（Internet-based test）となり、「文法」がなくなったのを皆さんご存じでしょうか？　現在、TOEFLは「読む」「聴く」「話す」「書く」の4技能を等しく検査する

試験にリニューアルされました。大学生、社会人に一番身近な英語テスト、TOEIC®TESTも改革が進んでいます。2007年からは、希望者はスピーキング・ライティングのテストを受けられるようになりました。TOEICでも「読む」「聴く」「話す」「書く」の4技能の養成が求められるようになろうとしています。いまや英語を受動的に「読む」だけでは不十分で、「**聴く**」「**話す**」「**書く**」など、**英語を能動的に使えなければならない時代に突入したのです。**

いまなぜ通訳訓練法か

　日本ではじめて通訳者養成学校が開校されたのは、1960年代後半のことです。1970年開催の大阪万博で、大量の語学エキスパートを養成する必要から、はじめての本格的な通訳学校が東京と大阪で開校されました。それから、40年。日本には多数の通訳学校ができ、プロ通訳者をはじめ、多数の語学エキスパートを送り出してきました。通訳者と聞くと、すぐに帰国子女を思い浮かべるかもしれません。しかし現在40〜50歳代で、まったく留学経験がないのに、通訳学校で学び、現在プロの通訳として第一線で活躍している人がたくさんいます。通訳学校には、リスニング・スピーキングを強化し、能動的に英語を使うノウハウが蓄積されていると考えていいでしょう。**留学をしなくても、帰国子女並みにリスニング・スピーキングができるようになる。**この驚くべき結果が明らかになるにつれ、「通訳訓練法」に注目が集まっているのです。「通訳訓練法」の中でも、シャドーイングは特に有名です。日本中の高校・大学の英語の授業でも使われるようになり、大きな効果が上がりはじめています。
　本書は、通訳訓練法を全面的に導入し、時代に合った「使える英単語集」を目指しています。

漢字学習式に英単語を覚えてはいけない

　筆者の経験を少し話しましょう。現在は大学の英語教員を務め、プロの通訳・翻訳者という経歴をもつ私ですが、高校時代は、実は

英語がさっぱりできませんでした。中学生レベルの英語もよくわからない。そんな状態でも、大学に入りたいという思いはつのります。「英語ができないのは、きっと英単語を覚えていないからだ！」。そう思って、何冊英単語集に手を伸ばしたことでしょう。しかし、100語程度覚えると挫折、そして忘れる、また新しい英単語集に手を伸ばす、の繰り返しでした。なんて自分は根気がないんだろう、と悲しく思ったものです。そうしてわずかながら覚えた単語も、実は発音をメチャメチャに覚えていたためにまったく役に立たないことがわかり、大学入学後に、発音からもう一度英語を学習し直さなければなりませんでした。

朝、通勤の電車に乗ると、いまだに高校生が英単語集をじっと見つめているのに出くわすことがあります。それを見て「ああ、僕の学生時代と同じだ。ムダなことをやっているなあ」と思わずにはいられません。

たしかに私が英語を勉強し始めた30年前とは違って、英語のテキストはかなりよいものになりました。内容はよく吟味され、ネイティブ・チェックをした立派な英語です。しかし**学ぶ内容（what to learn）は改善されても、学習方法（how to learn）は昔とあまり変わっていません。**「じっと英単語を目で追い根気で単語を覚える」「ノートに単語のつづりを何度も書く」「単語の和訳だけを覚えようとする」「文脈を無視して、単語だけで覚えようとする（だから覚えられない）」「発音は無視してつづりだけで覚える」etc。なぜ、こんな覚え方をするのでしょう？　こうしたお決まりの英単語学習法は、学校教育で何度も繰り返されてきた、漢字学習を思わせます。

昔と比べて、「文脈」という点では、英語長文の中で単語を覚える英単語集が出てきて少しは進歩したようです。また「発音」という点でも付属のCDにより、正しい英語が聞けるようになったものもあります。しかしいまだに「じっくりゆっくりの受け身の英単語学習」に変わりはありません。「すばやく能動的に使える英語」を身につけられる英単語集は、私の知る限りでは存在していません。

伝統的な漢字の学習方法が、日本人の英単語学習に弊害を及ぼしているのかもしれません。どんなに単語集の内容が進歩しても、この学習方法（how to learn）を変えない限り、私が味わった苦い思いを日本の学習者は味わい続けることでしょう。漢字学習式に英単語を覚えようとしても、労力がかかるだけでなかなか覚えられません。仮に膨大な時間をかけて、英単語集を丸ごと覚えたとしても実践では役に立たない、という悪循環が続くのです。ではこの悪循環を断つためにはどうしたらいいのでしょう。

クイック・レスポンスは英単語"高速"学習法

　通訳者は、場合によっては1日で専門用語を数百語覚える必要に迫られます。そんなときに通訳者の誰もが使っている方法がクイック・レスポンスです。左に日本語、右に英語を書いたワードリストを作り、日本語の部分を隠したときは英語、英語の部分を隠したときは日本語が瞬間的に出てくるまで何度も声を出して練習します。このやり方を使うと、いままでどんなに単語が覚えられなかった人でも、**使える英単語（フレーズ）50語を30分以内で覚えることができるのです。**

　論より証拠です。一緒にクイック・レスポンスの練習をしてみましょう。本書の Chapter 01（p.20）を開いてください。まずウォーミングアップからです。CD1のトラック1を聞きながら英単語（フレーズ）を3回口に出して言ってみてください。**覚えにくい単語はCDを止めながら、何度も口に出して言うことがポイントです。**口慣らしができたらいよいよ本番です。ワードリストの右側（英語の部分）を付属のしおりで隠して、英語を1秒以内で言えるように練習しましょう。CDに録音されているくらいのスピードで英語を言えなければなりません。上から順番に言えたら、今度は下から順番に言ってみましょう。このように秒単位で口で言えるようにすることが、高速学習のポイントです。

　次にトラック2には、日本語だけが順番に録音されています。こ

の**日本語を聞きながら、瞬時に英語が言えるように練習しましょう。**これができれば高速英単語学習は終了です。

　（時間があれば今度は、英語→日本語の転換練習をしてもいいのですが、通訳者ではない皆さんは、日→英の練習をするだけで十分です。当然のことですが英語の学習は、日本語を覚えるよりも英語を覚えるほうが先決だからです。それに日→英の練習をしているだけでも、自然に日本語の意味も覚えてしまいます）。

シャドーイングで英文を丸ごとインプット

　次にp.23を開いてください。今度はいま覚えたばかりの単語が使われている英文でシャドーイングの練習をします。「シャドー」とは「影」のこと。聞こえてくる英語に合わせて、影のようについていく、つまり、**聞きながら話す練習のことです。**

　それではトラック3の英語を聞きながら、実際に自分でシャドーイングの練習をしてみましょう。録音されているスピードは、1分間に約120ワードとやや遅めにしてあります。はじめはテキストを見ながらでいいですが、最終的にはテキストを見ないで、聞こえてくる英語を完全に真似できるようになるまで繰り返し練習してください。なお、シャドーイングの練習をするときは、ヘッドホンを使用した方が効果的です。

　シャドーイングがきちんとできたら、これで、クイック・レスポンスで覚えた単語が、文脈ごと定着できたことになります。ただし、シャドーイングをしても英文の意味がよく理解できない場合は、**一度英文の下の和訳を読んで、意味を確認してください。**

　本書では、VOAのSpecial Englishを中心とした、興味深く、平易な25の英文を厳選しました。そして1つのユニットにつき約20〜60語の英単語（フレーズ）を覚えられるようになっています。**本書を終えれば、約1,000語の重要英単語（フレーズ）を記憶できることになります。**しかしそれだけではありません。繰り返し、シャドーイングをすることにより、計25の英文に収められた**英単語約9,000**

語以上が丸ごと皆さんの頭の中にインプットされることになるのです。

シャドーイングの効用

　シャドーイングのその他の効用についてもここでは触れておきましょう。まずシャドーイングをすると、リスニング力が大幅にアップします。リスニングの勉強といっても、いつのまにか違うことを考えたりして英語に集中できないことが多いものです。しかし、シャドーイングをしていると、聞こえてくる英語の真似をしなければならないので、リスニングに深く集中できます。そのため、リスニング力が大きく改善されるのです。

　また、シャドーイングをきちんとできるためには、聞こえてくる英語音声とほぼ同じスピード、イントネーション、アクセントで話さなければなりません。したがって、**英語の発音、イントネーションも大幅に改善されます。口が自由に動くようになり、スピーキングができるようになります。**

　さらに、シャドーイングにより**英語を読む速度が速くなります。**日本の学校だけで英語を勉強した場合、学習者はなかなか「訳し読み」の習慣から抜け出せないことがわかっています。ほとんどの人が、英語を読むとき日本語に訳しながら読んでいるのです。これが、日本人のリーディングの速度が遅くなる一番の原因です。しかしシャドーイングをして、聞きながら話しているときは、とても英語を日本語に訳すことができません。そのため、シャドーイングを繰り返していると、知らず知らずのうちに「直読直解」（訳さないで理解する）ができるようになるのです。本書の英文は1分間約120ワードのスピードで録音されていますから、もしも、**このスピードで、「直読直解」できるようになれば、300ワードの長文もわずか2分30秒で読み終わることになります。**

仕上げに日→英サイト・トランスレーション

　クイック・レスポンスとシャドーイングをしたあとは、声を出して日本語から英語への転換練習（サイト・トランスレーション）をしてみましょう。各章の終わりには（Chapter 01の場合はp.26）に、日本語の訳と英語を載せました。右側の英語を隠し、日本語だけを見て、英語をすらすら口でいえるようにしましょう。要領はクイック・レスポンスと同じなので、「文単位のクイック・レスポンス」といっていいのですが、ふつう通訳業界では、日→英サイト・トランスレーションと呼びます。サイトは「視覚」という意味ですから、「目だけで原文を追いながら、別の言語に翻訳する」という意味です。十分にクイック・レスポンスとシャドーイングをしたあとは、すらすらと英文が口からでてくるはずです（なお、大体同じ内容の英文がいえればよしとします。あまり細部にこだわりすぎると、先へ進まない恐れがあります）。この練習をやると、**しっかりとした英語を話し、書けるようになります**。ただし時間がない人は、この練習を省略したり、後回しにしてもかまいません。クイック・レスポンスとシャドーイングだけでも、十分な効果が上がると筆者は考えています。

　では、ここでいままでお話しした「通訳訓練法」をもう一度まとめてましょう。

クイック・レスポンス　　　高速英単語（フレーズ）記憶術。日本語から英語、また英語から日本語へ瞬時に口で言えるようにする練習。もともと通訳者が、短期間に（一夜漬けで）専門用語を詰め込むのに使われていた方法です。

シャドーイング　　　英語の音声に沿って「影（シャドー）」のように口真似をする最も有名な通訳訓練法。英語の発音・イントネーションを改善するのに効果があります。また、リスニング力も大幅にアップします。さらに、シャドーイングをすると「訳しながら読む」習慣がなくなるので、リーディングのスピードも2倍以上にアップ

します。スピーキング、リスニング、リーディングの3技能の改善に効果がある、まさに"イイコトダラケ"の通訳メソッドです。
サイト・トランスレーション　日本語を英語に、あるいは英語を日本語に、目で見た瞬間に声に出してどんどん訳していく方法。瞬時に訳すので、実践に役立つ翻訳力（通訳力）が身につきます。スピーキングの英文構成力および、ライティング力の養成に効果があります（本書では日本語から英語への転換練習のみを勧めています）。

「使える英語」を身につけられる、はじめての英単語集

最後に本書の学習法とメリットを復習してみましょう。
① **クイック・レスポンス**を使って、英単語（フレーズ）を覚えます。このメソッドを使えば、どんな人でも**英単語（フレーズ）50語を30分以内で覚えられるようになります。**（個人差はありますが、数回繰り返しているうちに、ほぼ100％の人が、この時間で覚えられるようになるはずです）。
② その後、覚えたばかりの英単語・フレーズが収められた英文をシャドーイングします。シャドーイングをし、**文脈から理解した単語は簡単に忘れることはありません。**何度もシャドーイングを繰り返せば、やがて英文すべてがみなさんの頭の中にインプットされます。またシャドーイングにより、**リスニング力・スピーキング力（特に発音・イントネーション）が改善されます。さらにリーディングのスピードも速くなります。**
③ 最後に**日→英のサイト・トランスレーションをすると、スピーキングの構成力、ライティング力が養成されます。**

このように本書は、高速で英単語・フレーズが覚えられるだけでなく、**リスニング、スピーキング、リーディング、ライティングの能力も向上するという、夢の英単語集です。**本書で使用する、クイック・レスポンス、シャドーイング、サイト・トランスレーション

は、過去、語学のプロを多数養成してきた折り紙つきのメソッドであり、この技術で学んだ英語は必ず役に立ちます。

　もう実践で役に立たない英語の覚え方をするのはやめましょう。**いままでのように英単語を目だけで覚える、つづりを延々と書くだけの記憶法は苦痛であるばかりでなく、間違った発音を覚える恐れがあります。また、たとえいままでのやり方で単語集を丸ごと覚えたとしても、ゆっくりしか反応できないのでは、実用的なシチュエーションではほとんど役に立ちません。**

　本書を手にした皆さんは、ひたすらクイック・レスポンス、シャドーイング、日→英サイト・トランスレーション（省略可）をくり返してください。みなさんの口と耳が自然に単語、フレーズ、英文を記憶してくれるはずです。本書を学習し終えるころには、約1,000の重要英単語・フレーズを覚えられるばかりでなく、9,000語以上の英文が皆さんの頭の中に丸ごとインプットされるでしょう。しかも能動的な、使える英語が身についているのです。

　国際社会日本のニーズに合った英（単）語学習方法は、私の知る限り、これしかありません。自信をもって本書で学習してください。

本書の構成

本書は以下のような構成になっています。

クイック・レスポンス

英単語や表現をクイック・レスポンスで覚えましょう。単語が瞬時に口に出てくるようになるまで練習しましょう。

シャドーイング

長文をシャドーイングしてみましょう。ネイティブスピーカーのリズムとイントネーションを体に叩き込んで、英語を文脈ごと覚えることができます。

サイト・トランスレーション

日本語を見ながらどんどん訳してみましょう。英語アウトプットの力が身につきます。

本書の執筆にあたり、特に以下の辞書を参考にさせていただいたことを付記いたします。
『ジーニアス英和辞典（第3版）』大修館
『リーダーズ英和辞典（第2版）』研究社
『リーダーズ・プラス』研究社
『新編英和活用大事典』研究社
Collin's COBUILD Advanced Learner's English Dictionary, Harper Collins Publishers
Oxford Dictionary of English (Second Edition), Oxford University Press

*　　　　*　　　　*

This publication was made possible through the courtesy of the Voice of America, however, DHC is not affiliated with the Voice of America or the US government.(Chapter 1〜15, 17〜23, 25)

Chapter 16 大学入試センター試験 2005年　第3問C
Chapter 24 大学入試センター試験 2006年　第3問C

Helen Keller : Life as an Adventure
ヘレン・ケラー：人生は冒険

1. （病気に）かかる；発展させる	**devélop** 動
2. 感染、伝染病	**inféction** 名
3. ～歳のときに	**at the áge of ～**
4. 能力	**abílity** 名
5. （人を）雇う	**híre** 動
6. 完全に	**complétely** 副
7. 目が見えない、目の不自由な	**blínd** 形
8. 取り戻す、回復する	**regáin** 動
9. 視力	**síght** 名
10. 形作る、作る	**fórm** 動
11. 単語をつづる	**spéll óut wórds**

4. 形 able：できる、能力がある
6. 形 complete：完全な
7. 「耳が聞こえない、耳が遠い」はdeaf
9. 「光景、名所」という意味もある。（例）I saw the sights in Kyoto.（京都の名所を見物した）

12. 〜に加えて	**in addítion to 〜**
13. 手話	**sígn lànguage**
14. ラテン語	**Látin** 名
15. ギリシャ語；ギリシャ人	**Gréek** 名
16. フランス語；フランス人	**Frénch** 名
17. ドイツ語；ドイツ人	**Gérman** 名
18. 点字法	**bráille** 名
19. 突起した点	**ráised dóts**
20. 〜の準備をする	**gèt réady for 〜**
21. 終える、完成させる	**compléte** 動
22. (成績)優等；名誉	**hónors** 名
23. 財団；基礎	**foundátion** 名
24. 会談する	**méet with 〜**
25. 大統領；校長	**président** 名

18. Brailleと最初の文字を大文字にすることも多い。正式には「ブライユ点字法」という。
22. graduate with honorsで「(学業)優等で卒業する」。
25. 国のトップは「大統領」だが、会社のトップの意味で使われれば「社長」となる。

26. 旅行する、旅をする	**trável** 動
27. (新聞・雑誌の)記事	**árticle** 名
28. 身体障害がある	**disábled** 形
29. 成功する	**succéed** 動
30. 〜か…かどちらか	**éither 〜 or …**
31. 大胆な、勇気のある	**dáring** 形
32. 冒険	**advénture** 名

26. 発音は、「トラベル」ではなく「トラヴル」。
28. 「身体障害者」は、disabled people という。
29. 名 success：成功

ヘレン・ケラー：人生は冒険

Helen Keller was born in 1880/ in a small town in Alabama, in the American South.// She **developed**[(1)] an **infection**[(2)]/ **at the age of**[(3)] 19 months.// She lost her **ability**[(4)] to see and hear.// When Helen was 7 years old,/ her parents **hired**[(5)] a special teacher.// The teacher was Anne Sullivan.// She herself had once been almost **completely**[(6)] **blind**[(7)],/ but **regained**[(8)] her **sight**.[(9)] //

Anne Sullivan began teaching Helen/ the names of things.// Miss Sullivan **formed**[(10)] letters with her finger/ in Helen's hand/ to **spell out words**[(11)].// Helen learned more and more words.// She learned how to use her hands/ to

---

ℓ.6 She herself had once been...regained her sight. : had＋過去分詞で「過去完了形」。「(それ以前に)目がほとんど見えなくなり、それから視力を回復した経験がある」。

ℓ.10 Helen learned more and more words. :「比較級＋比較級」で「ますます、だんだん」の意味。

ℓ.11 ...to speak for her. :「自分のために話すために」→「自分の(気持ちを)代弁をするために」→「自分の気持ちを表すために」。

Chapter 01

1. speak for her.// **In addition to**[12] **sign language**[13],/ Helen
   彼女の気持ちを表すために。　　　　　　　　手話のほかにも

2. also learned to use her voice.// Later, she learned to read
   ヘレンは声の使い方を学んだ。　　　　　　　　のちに彼女はラテン語、ギリシャ語、

3. **Latin**[14], **Greek**[15], **French**[16] and **German**[17].// She read with
   フランス語、ドイツ語を読めるようになった。　　　　　　　　彼女は指を使

4. her fingers/ using the **braille**[18] system of **raised dots**[19].//
   って文字を読んだ　　　　突起した点による点字法を使って。

5. She also learned to use a typewriter.// Anne Sullivan stayed
   彼女はタイプライターの使い方も学んだ。　　　　　アン・サリバンは、何年も

6. with Helen Keller for many years.// She helped her/ **get**
   の間、ヘレン・ケラーとともにいた。　　　　彼女はヘレンを手伝った

7. **ready for**[20] school and college.// Helen Keller was 16 years
   学校や大学へ行く準備をするのを。　　　　ヘレン・ケラーは16歳だった

8. old/ when she started at Radcliffe College in Massachusetts.//
   マサチューセッツ州にあるラドクリフ・カレッジに通い始めたとき。

9. She **completed**[21] her studies with **honors**[22] / in 1904.// Helen
   彼女は優等で卒業した　　　　　　　　　　1904年に。

10. Keller worked for many years/ for the American **Foundation**[23]
    ヘレン・ケラーは長年活動した　　　　アメリカ視覚障害者団体のために。

11. for the Blind.// She **met with**[24] **presidents**[25] / and **traveled**[26]
    彼女は歴代の（アメリカ）大統領と会談し　　　多くの国を訪れた。

ℓ.6　**She helped her get ready...**：help＋O＋動詞の原形で「Oが～するのを手伝う、助ける」。（例）He helped me carry my suitcase upstairs.（彼は、私のスーツケースを2階へ運ぶのを手伝ってくれた）

ℓ.8　**Radcliff College**：ラドクリフ・カレッジはハーバード大学の女子部にあたる。現在は、ハーバード大学に併合されている。

ℓ.10　**the American Foundation for the Blind**：the＋形容詞で「～な人々」。（例）the rich＝rich people（お金持ち）

to many countries.// She wrote books and **articles**(27).//

She showed other **disabled**(28) people/ that they, too, could **succeed**(29).//

　　　　Helen Keller died in 1968.// Her life story has been told/ in books, plays and movies.// "Life," she said, "is **either**(30) a **daring**(31) **adventure**(32) or it is nothing."//

ℓ.4　Her life story has been told... : have＋been＋過去分詞は、現在完了形と受動態がくっついた形。「(ずっと)〜されている、されてきた」。(例)The book has been translated into 30 languages.(その本は30ヵ国語に翻訳されている)

ℓ.5　Life...is either a daring adventure or it is nothing. : 直訳は「人生は大胆な冒険であるか、何物でもない(つまらないもの)かのどちらかだ」。文法的には、it is nothingのit isを取るのが正しい。

Chapter 01

①ヘレン・ケラーは1880年に生まれた/ アメリカ南部にある、アラバマ州の小さな町で。// 彼女は伝染病にかかった/ 生後19ヵ月のときに。// 彼女は見たり聞いたりする能力を失った。// ヘレンが7歳のとき/ 彼女の両親は特別な教師を雇った。// その教師とはアン・サリバンだった。// サリバン自身、かつてはほとんど目が見えなかった/ しかし視力を取り戻していた。//

②アン・サリバンはヘレンに教え始めた/ 物の名前を。// サリバン先生は、指で文字を作った/ ヘレンの手の中で/ 単語をつづるために。// ヘレンはどんどん単語を覚えていった。// 彼女は手の使い方を学んだ/ 彼女の気持ちを表すために。// 手話のほかにも/ ヘレンは声の使い方を学んだ。// のちに彼女はラテン語、ギリシャ語、フランス語、ドイツ語を読めるようになった。// 彼女は指を使って文字を読んだ/ 突起した点による点字法を使って。// 彼女はタイプライターの使い方も学んだ。// アン・サリバンは、何年もの間、ヘレン・ケラーとともにいた。// 彼女はヘレンを手伝った/ 学校や大学へ行く準備をするのを。// ヘレン・ケラーは16歳だった/ マサチューセッツ州にあるラドクリフ・カレッジに通い始めたとき。// 彼女は優等で卒業した/ 1904年に。// ヘレン・ケラーは長年活動した/ アメリカ視覚障害者財団のために。// 彼女は歴代の（アメリカ）大統領と会談し/ 多くの国を訪れた。// 彼女は本や記事を執筆した。// 彼女は他の障害者に身をもって示した/ 彼らも成功できるのだと。//

③ヘレン・ケラーは1968年にこの世を去った。// 彼女の人生の物語は語られ続けている/ 本や芝居や映画で。// 「人生は、大胆な冒険をしなければ、何も得られない」と彼女は言った。//

①Helen Keller was born in 1880/ in a small town in Alabama, in the American South.// She **developed** an **infection**/ **at the age of** 19 months.// She lost her **ability** to see and hear.// When Helen was 7 years old,/ her parents **hired** a special teacher.// The teacher was Anne Sullivan.// She herself had once been almost **completely blind**,/ but **regained** her **sight**. //

②Anne Sullivan began teaching Helen/ the names of things.// Miss Sullivan **formed** letters with her finger/ in Helen's hand/ to **spell out words**.// Helen learned more and more words.// She learned how to use her hands/ to speak for her.// **In addition to sign language**,/ Helen also learned to use her voice.// Later, she learned to read **Latin**, **Greek**, **French** and **German**.// She read with her fingers/ using the **braille** system of **raised dots**.// She also learned to use a typewriter.// Anne Sullivan stayed with Helen Keller for many years.// She helped her/ **get ready for** school and college.// Helen Keller was 16 years old/ when she started at Radcliffe College in Massachusetts. // She **completed** her studies with **honors**/ in 1904.// Helen Keller worked for many years/ for the American **Foundation** for the Blind.// She **met with presidents**/ and **traveled** to many countries.// She wrote books and **articles**.// She showed other **disabled** people/ that they, too, could **succeed**.//

③Helen Keller died in 1968.// Her life story has been told/ in books, plays and movies.// "Life," she said, "is **either** a **daring adventure or** it is nothing."/

Chapter 02

What Causes Tsunami?
津波はどう起こるのか

1. 港	**hárbor** 名
2. 波	**wáve** 名
3. 地震	**éarthqùake** 名
4. 主要な、大きな	**májor** 形
5. 原因；引き起こす	**cáuse** 名 動
6. 地すべり	**lándslìde** 名
7. 海底	**ócean flóor**
8. 巨大な	**húge** 形
9. 爆発する	**explóde** 動
10. 火山	**volcáno** 名
11. 爆発	**explósion** 名

1. harborは「港内の水域」を指す。portも「港」であるが、「港内の水域」だけでなく、「harborを含む港町」を指すことがある。
4. 動では「専攻する」という意味で用いられる。（例）I am majoring in literature.（私は文学を専攻しています）
8. 類 immense, enormous, tremendous, vast：巨大な、広大な

津波はどう起こるのか

12. 専門家	éxpert 名
13. ～へ向かう	móve towárd ～
14. あらゆる方向に	in áll diréctions
15. ～に影響する、影響を与える	afféct 動
16. 数千の、非常に多数の	thóusands of ～
17. 普通の；共通の	cómmon 形
18. 太平洋	the Pacífic Ócean
19. 過去の	pást 形
20. 数百の	húndreds of ～
21. 打つ、襲う	stríke 動
22. インド洋	the Índian Ócean
23. ～の大きさがある；測定する	méasure 動
24. マグニチュードで	on the Ríchter scàle

15. 名 effect 影響、効果
21. 活用は、strike-struck-struck
24. 辞書には「(地震の規模を表す)リヒタースケールで」という訳語が載っているが、要するに「マグニチュードで」ということ。英語の読み方は「リクタ」。「リヒタ」ではないことに注意。

Chapter 02

`CD1-6`

1 In the Japanese language,/ the word tsunami means
2 "**harbor**⁽¹⁾ **wave**⁽²⁾."// **Earthquakes**⁽³⁾ are a **major**⁽⁴⁾ **cause**⁽⁵⁾ of
3 tsunamis.// But **landslides**⁽⁶⁾ on the **ocean floor**⁽⁷⁾ also can
4 cause **huge**⁽⁸⁾ ocean waves.// Other causes are **exploding**⁽⁹⁾
5 **volcanoes**⁽¹⁰⁾ and even **explosions**⁽¹¹⁾.// **Experts**⁽¹²⁾ say/ a
6 tsunami can travel as fast as 725 kilometers an hour.// And
7 the waves can be more than 30 meters high/ as they **move**
8 **toward**⁽¹³⁾ land.// Tsunamis can form near the center of an
9 earthquake/ and travel out **in all directions**⁽¹⁴⁾.// This means
10 they can **affect**⁽¹⁵⁾ countries **thousands of**⁽¹⁶⁾ kilometers from
11 each other.// Tsunamis are most **common**⁽¹⁷⁾ in **the Pacific**

ℓ.6 …as fast as 725 kilometers an hour：as fast as 〜は「〜もの速さで」。速度を強調する表現。
（例）In the Milky Way, stars can move as fast as 500 kilometers per second.（銀河の中では、星は秒速500キロもの速さで移動することがある）

津波はどう起こるのか

Ocean[18].// Japan has had the most tsunamis.// In the **past**[19] **hundreds of**[20] years,/ 100,000 people have been killed by tsunamis in Japan.// Six years ago, more than 2,000 people died/ when a tsunami **struck**[21] Papua New Guinea.// American scientists say/ the earthquake in **the Indian Ocean**[22] Sunday **measured**[23] 9.0/ on the Richter **scale**[24].// They say/ it also was the fifth strongest earthquake measured since 1900.//

ℓ.1 the most tsunamis:「一番多くの津波」。mostは「たいていの、大半の」という意味もあるが、ここではmanyの最上級で「もっとも多くの」。many tsunamisが最上級になったと考えるとよい。(例) Most people like watching movies.(たいていの人は、映画を見るのが好きだ):In my class I have read the most books.(クラスで、私が一番多くの本を読んだ)

ℓ.2 ...people have been killed...:have+been+過去分詞で「~された」。現在完了形(have+過去分詞)と受動態(be動詞+過去分詞)が合体した形。

ℓ.4 Papua New Guinea:南西太平洋にある島国。パプアニューギニア。

ℓ.7 ...the fifth strongest earthquake measured since 1900:measuredは直前のearthquakeを修飾する過去分詞。「1900年以来測定された、5番目に強い地震」が直訳。

31

①日本語では、/ 津波という単語は「湾内の波」を意味する。// 地震が津波の主な原因だ。// しかし、海底の地すべりも巨大な波を引き起こすことがある。// ほかの原因として、噴火する火山や爆発も挙げられる。// 専門家によると、/ 津波は1時間あたり725キロメートルもの速さで伝わることがある。// また、波は高さ30メートル以上になることもある/ 陸地に近づくにつれて。// 津波は地震の中心（震央）の近くで生じ、/（そこから）あらゆる方向へ伝わっていく。// そのため、お互いに数千キロメートル離れた国々に影響を及ぼすこともある。// 津波は、太平洋で最も一般的に見られる。// 日本は一番多く津波の来襲を受けている。//

②過去数百年にわたり/ 日本では10万人が津波によって命を落とした。// 6年前に、2,000人以上が亡くなった/ 津波がパプアニューギニアを襲ったときに。// アメリカの科学者によれば/ 日曜日にインド洋で起きた地震は9.0に達した/ マグニチュードで。// 彼らによると、/ それは、1900年以降観測された中で5番目に強い地震でもあった。//

津波はどう起こるのか

①In the Japanese language,/ the word tsunami means "**harbor wave**."// **Earthquakes** are a **major cause** of tsunamis.// But **landslides** on the **ocean floor** also can cause **huge** ocean waves.// Other causes are **exploding volcanoes** and even **explosions**.// **Experts** say/ a tsunami can travel as fast as 725 kilometers an hour.// And the waves can be more than 30 meters high/ as they **move toward** land.// Tsunamis can form near the center of an earthquake/ and travel out **in all directions**.// This means they can **affect** countries **thousands of** kilometers from each other.// Tsunamis are most **common** in **the Pacific Ocean**.// Japan has had the most tsunamis.//

②In the **past hundreds of** years,/ 100,000 people have been killed by tsunamis in Japan.// Six years ago, more than 2,000 people died/ when a tsunami **struck** Papua New Guinea.// American scientists say/ the earthquake in **the Indian Ocean** Sunday **measured** 9.0/ **on the Richter scale**.// They say/ it also was the fifth strongest earthquake measured since 1900.//

Chapter 03

Martin Luther King Jr. and the Civil Rights Movement
マーティン・ルーサー・キングと公民権運動

1. 博士号	**dóctorate** 名
2. 学位	**degrée** 名
3. 宗教	**relígion** 名
4. 牧師、説教師	**préacher** 名
5. 教会	**chúrch** 名
6. 逮捕する	**arrést** 動
7. 〜に対する抗議	**a prótest agàinst 〜**
8. 南部の人	**sóutherner** 名
9. 団結する	**uníte** 動
10. 法律	**láw** 名
11. 人種隔離	**rácial separátion**

3. 形 religious：宗教の
4. 動 preach：説教する

マーティン・ルーサー・キングと公民権運動

12. 市民	cítizen 名
13. ~するのをこわがる、こわくてできない	be afráid to ~
14. ~と戦う	fíght agàinst ~
15. ~のままである；残る	remáin 動
16. からの、空いている	émpty 形
17. 誤った、偽りの	fálse 形
18. …ということで~を非難する	accúse ~ of ...
19. 盗む	stéal
20. 公民権運動	cívil ríghts mòvement
21. 非難（する）；罪	chárge 動 名
22. 車に乗る	ríde in a cár
23. 抗議する人	prótester 名
24. 続く；続ける	contínue 動
25. 説明する；描写する	descríbe 動

19. 活用は、steal-stole-stolen
20. 「公民権運動」とは、1950年代から60年代にかけてアメリカで起こった、黒人差別撤廃の運動。マーティン・ルーサー・キング牧師はその指導者として有名。さまざまな運動により、黒人差別撤廃の法律制定につながった。
22. rideの活用は、ride-rode-ridden

26. 俳優	**áctor** 名
27. 劇、芝居	**pláy** 名
28. 道具	**ínstrument** 名
29. 神の意志	**the will of Gód**
30. …ということで〜を非難する	**bláme 〜 fòr ...**
31. 刑務所に入って	**in príson**
32. 死んでいる	**déad** 形
33. 全国ニュース	**nátional néws**
34. 解放する、釈放する	**reléase** 動
35. 脅迫、脅威	**thréat** 名
36. 続く	**lást** 動
37. 最高裁判所	**Supréme Cóurt**
38. 判決(決定)を下す	**rúle** 動
39. 違法の	**illégal** 形

32. 名 death：死 ； 動 die：死ぬ
37. 発音は「サプリーム・コート」。

マーティン・ルーサー・キングと公民権運動

40. 信奉者、信者	**fóllower** 名
41. (〜の)戦いを勝ち取る	**wín one's strúggle**
42. 勝利	**víctory** 名
43. 誇り	**príde** 名
44. 統合、団結	**únity** 名
45. 平和な	**péaceful** 形
46. 非暴力	**nòn-víolence** 名
47. 法律の、合法の	**légal** 形

43. 形 proud：誇りをもった
47. legal(合法の)⇔illegal(違法の)と反意語でまとめて覚えておくとよい。

Chapter 03

1 Martin Luther King was born in Atlanta, Georgia,
2 in 1929.// He began his university studies/ when he was 15
3 years old,/ and received a **doctorate**(1) **degree**(2) in **religion**(3).//
4 He became a **preacher**(4) at a **church**(5) in Montgomery,
5 Alabama.//

6 In 1955, a black woman in Montgomery was **arrest-**
7 **ed**(6) / for sitting in the white part of a city bus.// Doctor King
8 became the leader of **a protest**/ **against**(7) the city bus sys-
9 tem.// It was the first time/ that black **southerners**(8) had
10 **united**(9) / against the **laws**(10) of **racial separation**(11).//

11 At first, the white **citizens**(12) of Montgomery did not

---

ℓ.5 **Alabama**：アラバマ州はアメリカ南東部の州。州都はモンゴメリー。
ℓ.7 **...in the white part of a city bus**：当時、モンゴメリーでは人種差別の法律が存在した。白人を優先するため、黒人は市営バスの後部座席に座らなければならなかった。当時42歳のローザ・パークスさんは、白人に席を譲ることを拒否したため、人種隔離法違反で逮捕された。
ℓ.9 **It was the first time...**：…した最初のことだった。
ℓ.9 **...black southerners had united...**：had＋過去分詞は過去完了形。「(ある過去の時点以前に)～した、している」。ここでは、「そのときまで、黒人が団結したことがなかった」というニュアンスを表すために、過去完了形を用いている。

believe/ that the protest would work.// They thought/ most blacks would **be afraid to**(13) **fight against**(14) racial separation.// But the buses **remained**(15) **empty**(16).//

　　　Some whites used tricks to try to end the protest.// They spread **false**(17) stories/ about Martin Luther King and other protest leaders.// One story **accused** Martin/ **of**(18) **stealing**(19) money from the **civil rights movement**(20).// Another story **charged**(21) / that protest leaders **rode in cars**(22) / while other **protesters**(23) had to walk.// But the tricks did not work,/ and the protest **continued**(24).//

　　　Doctor King's wife Coretta **described**(25) / how she

ℓ.1 …the protest would work. : workは「うまくいく」「働く」。（例）This medicine works.（この薬はよく効く）

ℓ.4 Some whites used… : someは「一部の〜、〜する人もいる」。「何人かの」ではないことに注意。（例）Some students like math, and others like English.（数学が好きな生徒もいれば、英語が好きな生徒もいる）

ℓ.9 …while other protesters… : ここでは、whileは「だが一方」と対照を表している。

1. and her husband felt during the protest.// She said:/ "We
2. never knew what was going to happen next.// We felt like
3. **actors**(26) in a **play**(27)/ whose ending we did not know.// Yet
4. we felt a part of history.// And we believed we were **instru-**
5. **ments**(28) of **the will of God**(29)."//
6.   The white citizens **blamed** Doctor King **for**(30) start-
7. ing the protest.// They thought/ it would end if he was **in**
8. **prison**(31) or **dead**(32).// Doctor King was arrested twice on
9. false charges.// His arrests made **national news**(33)/ and he
10. was **released**(34).// But the **threats**(35) against his life contin-
11. ued.//

マーティン・ルーサー・キングと公民権運動

The Montgomery bus boycott **lasted**(36) / 382 days.//

Finally, the United States **Supreme Court**(37) **ruled**(38) / that racial separation was **illegal**(39) / in the Montgomery bus system.// Martin Luther King and his **followers**(40) had **won their struggle**(41).// The many months of meetings and protest marches had made **victory**(42) possible.//

They also gave blacks a new feeling of **pride**(43) and **unity**(44).// They saw/ that **peaceful**(45) protest, Mahatma Gandhi's idea of **non-violence**(46),/ could be used as a tool to win their **legal**(47) rights.//

ℓ.6 …had made victory possible : make+O+Cは「OをCにする」。(例)Many people believe that computers make our life easier. (多くの人が、コンピュータが(今までよりも)生活を楽にすると信じている)

ℓ.8 **Mahatma Gandhi** : マハトマ・ガンジー(1869〜1948)。インドの民族独立運動の指導者。インド建国の父といわれる。「非暴力」による抵抗を訴えた。

Chapter 03

①マーティン・ルーサー・キングは1929年にジョージア州アトランタで生まれた。// 彼が大学に通い始めたのは/ 15歳のときだった/ そして神学の博士号を取得した。// (それから) アラバマ州モンゴメリーの教会の牧師になった。//

②1955年に、モンゴメリーに住む、ある黒人女性が逮捕された/ 市営バスの白人専用席に座ったために。// キング牧師は抗議運動を指揮した/ この市営バスシステムに対して。// これがはじめてのことだった/ 南部の黒人が団結し/ 人種隔離の法律に反対したのは。//

③はじめは、モンゴメリーの白人市民は思っていなかった/ 抗議運動がうまくいくとは。// 彼らは思っていた/ ほとんどの黒人は、人種隔離政策と戦うのをためらうだろうと。// しかし、バスは (黒人は乗らず) 空のままだった。//

④白人の中には、抗議運動を終わらせようと策略を用いるものもいた。//

⑤偽りの話を広めたのだ/ マーティン・ルーサー・キングと他の抗議の指導者についての。// 1つのうわさはマーティンを非難した/ 公民権運動から金銭を盗んだとして。// 別のうわさは非難した/ リーダーたちは自動車に乗っている/ 他の抗議参加者たちは歩かなければならなかったのに。// しかし、その策略はうまくいかず/ 抗議運動は続いた。//

⑥キング牧師の妻コレッタは述べている/ 抗議運動の間の彼女と夫の思いを。// 彼女は言った/「次に何が起こるかまったく予想もつきませんでした。// まるで芝居の俳優を演じているように感じました/ 結末のわからない (芝居の)。// しかし私たちは、歴史の一部になったのだと感じました。// 神の意志の道具 (として活動しているの) だと信じていたのです」。//

⑦白人市民は、抗議を始めたことでキング牧師を非難した。// 彼らはこう考えた/ キングが刑務所に入るか、死ねば抗議行動も終わるだろうと。// キング牧師は、偽りの罪で2度逮捕された。// 彼の逮捕は全国ニュースとなり/ キングは釈放された。// しかし、彼の生命に対する脅迫は続いた。//

⑧モンゴメリーのバスボイコットは続いた/ 382日の間。// ついにアメリカ最高裁判所は判決を下した/ 人種隔離は違法であると/ モンゴメリーのバスでの (人種隔離は)。// マーティン・ルーサー・キングと彼の信奉者は彼らの闘いを勝ち取った。// 何ヵ月も続いた集会と抗議の行進が勝利を可能にした。//

⑨これによって、黒人は誇りと団結感を新たに感じたのだ。// 彼らは理解した/ 平和的な抗議、つまりマハトマ・ガンジーの非暴力についての考えは/ 彼らの法的権利を勝ち取る道具として使うこともできるのだ、と。//

マーティン・ルーサー・キングと公民権運動

①Martin Luther King was born in Atlanta, Georgia, in 1929.// He began his university studies/ when he was 15 years old,/ and received a **doctorate degree** in **religion**.// He became a **preacher** at a **church** in Montgomery, Alabama.//

②In 1955, a black woman in Montgomery was **arrested**/ for sitting in the white part of a city bus.// Doctor King became the leader of **a protest**/ **against** the city bus system.// It was the first time/ that black **southerners** had **united**/ against the **laws** of **racial separation**.//

③At first, the white **citizens** of Montgomery did not believe/ that the protest would work.// They thought/ most blacks would **be afraid to fight against** racial separation.// But the buses **remained empty**.//

④Some whites used tricks to try to end the protest.//

⑤They spread **false** stories/ about Martin Luther King and other protest leaders.// One story **accused** Martin/ **of stealing** money from the **civil rights movement**.// Another story **charged**/ that protest leaders **rode in cars**/ while other **protesters** had to walk.// But the tricks did not work,/ and the protest **continued**.//

⑥Doctor King's wife Coretta **described**/ how she and her husband felt during the protest.// She said:/ "We never knew what was going to happen next.// We felt like **actors** in a **play**/ whose ending we did not know.// Yet we felt a part of history.// And we believed we were **instruments** of **the will of God**."//

⑦The white citizens **blamed** Doctor King **for** starting the protest.// They thought/ it would end if he was **in prison** or **dead**.// Doctor King was arrested twice on false charges.// His arrests made **national news**/ and he was **released**.// But the **threats** against his life continued.//

⑧The Montgomery bus boycott **lasted**/ 382 days.// Finally, the United States **Supreme Court ruled**/ that racial separation was **illegal**/ in the Montgomery bus system.// Martin Luther King and his **followers** had **won their struggle**.// The many months of meetings and protest marches had made **victory** possible.//

⑨They also gave blacks a new feeling of **pride** and **unity**.// They saw/ that **peaceful** protest, Mahatma Gandhi's idea of **non-violence**,/ could be used as a tool to win their **legal** rights.//

Chapter 04

How Did Hollywood Become Hollywood ?
ハリウッドの誕生

1. 映画	móvie 名
2. 産業、工業	índustry 名
3. 決める	decíde 動
4. 農地、農業用地	fármland 名
5. 所有する	ówn 動
6. 建設業者	búilder 名
7. 家を建てる	pùt up hóuses
8. (新興)住宅地	hóusing devèlopment
9. ひいらぎ	hólly 名
10. 〜に囲まれている	(be) surróunded by 〜
11. 農場	fárm 名

3. 名 decision：決定
5. ownは「〜自身の」と 形 で用いることもある。(例) I have my own house with a garden. (私には、庭付きの持ち家がある)
9. 形 holyは「神聖な」の意で別の単語。「ひいらぎ」は、l がひとつ多いのに注意。

ハリウッドの誕生

12. 技術	**technólogy** 名
13. 発明家	**invéntor** 名
14. 〜に興味を持つ	**becóme ínterested in 〜**
15. 映画、活動写真	**móving pícture**
16. 芸術家	**ártist** 名
17. 急ぐ	**húrry** 動
18. 探検する；探求する	**explóre** 動
19. 可能性	**possibílity** 名
20. 〜と思う、疑う	**suspéct** 動
21. 大衆的な；人気がある	**pópular** 形
22. 劇場	**théater** 名
23. 結びつく、協力する	**jóin togéther**
24. 法律的に	**légally** 副
25. 〜が…するのを妨げる	**stóp 〜 from ...ing**

13. 動 invent：発明する； 名 invention：発明(品)
14. be interested in 〜 （〜に興味がある）のbeがbecomeに替わったと考える。「興味を持つ」と積極的に動作を表す意味になっている。
18. 名 exploration：探検、探求
19. 形 possible：可能な
20. doubtも「疑う」だが「〜でないと思う」。suspectは「〜らしいと思う」。前者は否定、後者は肯定のニュアンス。
25. 類 prevent 〜 from ...ing

26. 独立した	**indepéndent** 形
27. 〜から離れる	**móve awáy from 〜**
28. 大西洋(沿)岸	**the Atlántic cóast**
29. 東の、東部の	**éastern** 形
30. 弁護士	**láwyer** 名
31. 〜に迷惑をかける	**màke tróuble for 〜**
32. 日光	**súnshìne** 名
33. 製作する、作り出す	**prodúce** 動
34. まじめな、真剣な	**sérious** 形
35. (映画)監督；(会社の)重役	**diréctor** 名
36. 着く、到着する	**arríve** 動
37. 初期の年代に、初期の頃に	**in thóse éarly yéars**
38. 作り出す、創造する	**creáte** 動
39. 静かな	**qúiet** 形

26. 名 independence：独立
28. the Pacific coastなら「太平洋岸」。
30. 名 law：法律
33. 名 product：製品；名 production：生産
36. 名 arrival：到着

40. 首都　　　　　　　　cápital 名

Chapter 04

Hollywood is the center of America's **movie**[(1)] **industry**[(2)].// It is part of the city of Los Angeles,/ in the western state of California.// In 1887,/ a man named Harvey Wilcox **decided**[(3)] to sell some **farmland**[(4)] / he **owned**[(5)] near Los Angeles.// He hoped **builders**[(6)] would **put up houses**[(7)] there.//

Harvey's wife thought/ the name Hollywood would be nice for the new **housing development**[(8)].// She liked the sound of the word,/ although no **holly**[(9)] trees grow in California.//

At first, Hollywood was just a little town **surrounded by**[(10)] orange trees and **farms**[(11)].// But new **technology**[(12)] would change it forever.//

ℓ.9 ...a little town surrounded by... : surroundedは直前のtownを修飾する過去分詞。「〜に囲まれた小さな町」。

ハリウッドの誕生

Inventors[13] in the United States and Europe/ had **become interested in**[14] the idea of making pictures that moved.// Thomas Edison's company showed/ the first **moving picture**[15] machine in 1893.// Two years later, the Lumiere brothers of France showed/ the first simple moving picture in Paris.//

American businessmen and **artists**[16] **hurried**[17] / to **explore**[18] the **possibilities**[19] of the new technology.// No one, however, **suspected**[20] / that movies would become the most **popular**[21] kind of art in history.//

Soon, **theaters**[22] around the United States/ began

- ℓ.1 Inventors...had become interested in... : had+過去分詞は「過去完了形」。過去のあるときよりも前に、物事が起きたことを表す。「(その頃までに)発明家たちは、興味を抱くようになっていた」。
- ℓ.3 the first moving picture machine : 「キネトスコープ」といい、大型の箱の上部にある「のぞき穴」から人々は中の映像を見た。
- ℓ.4 Lumiere brothers : リュミエール兄弟。Auguste (Marie Louis) Lumiere(1862-1954)、Louis (Jean) Lumiere(1864-1948)。フランスの化学者の兄弟で、エジソンと並び「映画の父」といわれる。世界最初の映画を上映した。

showing short movies.// In 1909,/ some of the largest American movie-making companies **joined together**(23).// They **legally**(24) **stopped** other companies/ **from using**(25) the new technology.//

So, **independent**(26) movie producers **moved away**/ **from**(27) **the Atlantic coast**(28), the center of movie-making at that time.// Independent movie producers wanted to go/ where **eastern**(29) **lawyers**(30) would not **make trouble for**(31) them.// They also wanted to go/ where there was warm weather and **sunshine**(32) throughout the year.// Hollywood was perfect.//

The Nestor Company built/ the first movie studio in

---

l. 7 ...where eastern lawyers... : ここでは、whereは「～するところに」という意味。(例)**Put the chair back where it was.**（椅子を元あった場所に戻しておきなさい）

ハリウッドの誕生

Hollywood in 1911.// Two years later, Cecil B. Demille **produced**(33)/ the first long, **serious**(34) movie in Hollywood.// It was called *The Squaw Man*.//

Director(35) D. W. Griffith also **arrived**(36) in Hollywood **in those early years**(37).// He **created**(38) new ways of using a camera/ to tell a story through moving pictures.//

Soon, the **quiet**(39) community of farms and orange trees had changed.// By the 1920s,/ Hollywood had become the movie **capital**(40) of the world.//

---

l.1 **Cecil B. DeMille**：セシル・B・デミル（1881-1959）。アメリカの映画監督。*The Squaw Man*（1913）でデビューし、*The Ten Commandments*『十戒』（1923、1956）など大作を手がけた。

l.4 **D. W. Griffith**：D・W・グリフィス（1875-1948）。アメリカの映画監督。フラッシュバック（ストーリーの途中で過去の出来事を挿入する）やフェードアウト（映像をしだいにぼやけさせる）などの新しい手法を開拓した。

l.8 **the 1920s**：the 〜sは、1920年ではなく1920年代という意味になる。（例）**Japan developed economically in the 1950s.**（日本は1950年代に経済的に発展した）

Chapter 04

　①ハリウッドはアメリカの映画産業の中心地だ。// ロサンゼルス市の一部であり/（アメリカ）西部のカリフォルニア州にある。// 1887年に/ ハーヴェイ・ウィルコックスという人物が、農地を売ることに決めた/ ロサンゼルス近郊に所有していた（農地を）。// 彼は、そこに建設業者が住宅地を建てることを希望していた。// ハーヴェイの妻は、考えた/ ハリウッドという名前が、この新興住宅地にはいいだろうと。// 彼女はこの単語の響きが好きだった/ ヒイラギの木はカリフォルニアでは育たないけれど。//

　②はじめ、ハリウッドは、オレンジの木や農場に囲まれた小さな町にすぎなかった。// しかし、新技術がこの町を永遠に変えることになった。//

　③アメリカとヨーロッパの発明者たちは/ 動く映像の製作という考えに興味を持つようになっていた。// トマス・エジソンの会社は発表した/ 1893年に最初の映画の機械を。// 2年後にフランスのリュミエール兄弟は上映した/ パリで（世界）最初のシンプルな映画を。//

　④アメリカの実業家・芸術家たちは急いで/ この新技術の可能性を探った。// しかし、誰も考えていなかった/ 映画が歴史上最も人気のある芸術になるとは。//

　⑤まもなく、アメリカじゅうの劇場は/ 短篇映画を上映し始めた。// 1909年に/ アメリカの大手映画制作会社、数社が手を組んだ。// 彼らは、法律で他の会社を妨害した/ この新技術を使用できないように。//

　⑥すると、独立系の映画製作者たちは立ち去った/ 当時映画制作の中心地だった、大西洋岸（アメリカ東部）から。// 独立系の映画製作者たちが行きたかったのは/ 東部の弁護士が面倒を持ち込まないところだった。// また彼らは行きたがった/ 1年中、暖かく日光があたるところへ。//（その点で）ハリウッドは申し分なかった。//

　⑦ネストール社は建造した/ 1911年にハリウッドにおける最初の映画スタジオを。// その2年後にセシル・B・デミル監督は製作した/ ハリウッド初の、シリアスな長篇映画を。//『スコウ・マン』という映画だった。//

　⑧D・W・グリフィス監督も、（映画製作の）初期の頃にハリウッドにやってきた。// 彼はカメラの新しい使用法を生み出した/ 映画を通して物語を語るための。//

　⑨すぐに、農場とオレンジの木々のある静かな町は変貌した。// 1920年代までには、/ ハリウッドは世界第一の映画の町（世界の映画の首都）となっていた。//

ハリウッドの誕生

①Hollywood is the center of America's **movie industry**.// It is part of the city of Los Angeles,/ in the western state of California.// In 1887,/ a man named Harvey Wilcox **decided** to sell some **farmland**/ he **owned** near Los Angeles.// He hoped **builders** would **put up houses** there.// Harvey's wife thought/ the name Hollywood would be nice for the new **housing development**.// She liked the sound of the word,/ although no **holly** trees grow in California.//

②At first, Hollywood was just a little town **surrounded by** orange trees and **farms**.// But new **technology** would change it forever.//

③**Inventors** in the United States and Europe/ had **become interested in** the idea of making pictures that moved.// Thomas Edison's company showed/ the first **moving picture** machine in 1893.// Two years later, the Lumiere brothers of France showed/ the first simple moving picture in Paris.//

④American businessmen and **artists hurried**/ to **explore** the **possibilities** of the new technology.// No one, however, **suspected**/ that movies would become the most **popular** kind of art in history.//

⑤Soon, **theaters** around the United States/ began showing short movies.// In 1909,/ some of the largest American movie-making companies **joined together**.// They **legally stopped** other companies/ **from using** the new technology.//

⑥So, **independent** movie producers **moved away/ from the Atlantic coast**, the center of movie-making at that time.// Independent movie producers wanted to go/ where **eastern lawyers** would not **make trouble for** them.// They also wanted to go/ where there was warm weather and **sunshine** throughout the year.// Hollywood was perfect.//

⑦The Nestor Company built/ the first movie studio in Hollywood in 1911.// Two years later, Cecil B. Demille **produced**/ the first long, **serious** movie in Hollywood.// It was called *The Squaw Man*.//

⑧**Director** D. W. Griffith also **arrived** in Hollywood **in those early years**.// He **created** new ways of using a camera/ to tell a story through moving pictures.//

⑨Soon, the **quiet** community of farms and orange trees had changed.// By the 1920s,/ Hollywood had become the movie **capital** of the world.//

The Nuclear Bombing of Hiroshima
広島の原爆投下

1. 10代の若者	**téenager** 名	
2. 原子爆弾、原爆	**atómic bómb**	
3. 逃げる	**flée** 動	
4. 火がつく、燃え出す	**cátch fíre**	
5. すぐあとに	**sóon áfter**	
6. (歯・毛が)抜ける	**fáll óut**	
7. 効果、影響	**efféct** 名	
8. 放射能	**radiátion** 名	
9. (爆弾の)爆発；爆発する	**blást** 名 動	
10. まくら	**píllow** 名	
11. 思い出す	**recáll** 動	

1. 厳密にいえば、teenagerは13～19歳まで。11、12歳は含まない。
3. 活用は、flee-fled-fled
6. fallの活用は、fall-fell-fallen
11. 類 remember：思い出す、覚えている

広島の原爆投下

12.	苦しむこと、苦痛	**súffering** [名]
13.	燃やす、やけどさせる	**búrn** [動]
14.	(皮膚が)むける	**péel óff**
15.	嫌う、憎む	**háte** [動]
16.	政府	**góvernment** [名]
17.	謝る、謝罪する	**apólogize** [動]
18.	決定する	**màke a decísion**
19.	~を早く終わらせる	**brìng a qúick énd to ~**
20.	降伏する、降参する	**surrénder** [動]
21.	核爆弾	**núclear bómb**
22.	~より少ない、~未満の	**léss than ~**
23.	印をつける、記念する	**márk** [動]
24.	鮮やかに、はっきりと	**vívidly** [副]
25.	歩き回る、放浪する	**róam** [動]

17. [名] apology：謝罪
21. 「核爆弾」とは「原子爆弾」「水素爆弾」「中性子爆弾」などを含む。

26. 黒くする、黒焦げに焼く	**blácken** 動
27. 裸の、全裸の	**náked** 形
28. 衣服	**clóthes** 名
29. 引きはがす	**téar óff**
30. 工場	**fáctory** 名
31. 崩壊する、くずれる	**collápse** 動
32. 生きて	**alíve** 形
33. きらめき、閃光(せんこう)	**flásh** 名
34. 〜でいっぱいだ	**be fúll of 〜**
35. 〜など	**and só fòrth**
36. 爆撃機	**bómber** 名
37. 破壊する	**destróy** 動
38. 展示して	**òn exhíbit**
39. 想像する	**imágine** 動

28. 名 cloth：布
29. tearの活用は、tear-tore-torn
32. 反 dead 死んだ
36. 名 動 bomb：爆弾、爆撃する
37. 名 destruction：破壊
39. 名 imagination：想像

CD1-15　　　　　　　　　　　　　　　　　　　　　　　　広島の原爆投下

Yoshio Sato was a **teenager**⁽¹⁾/ when the **atomic bomb**⁽²⁾ fell on Hiroshima.// He **fled**⁽³⁾ with his family/ when their house **caught fire**⁽⁴⁾.// **Soon after**⁽⁵⁾, his hair **fell out**⁽⁶⁾/ from the **effects**⁽⁷⁾ of the **radiation**⁽⁸⁾ from the **blast**⁽⁹⁾.// "On my **pillow**⁽¹⁰⁾ I found much hair,"/ he **recalls**⁽¹¹⁾.//

As a young man he painted pictures/ that became part of a book—/ showing the **suffering**⁽¹²⁾ of young people/ who were **burned**⁽¹³⁾, their skin **peeling off**⁽¹⁴⁾.//

"I do not **hate**⁽¹⁵⁾ the American people.// But the American **government**⁽¹⁶⁾ has to **apologize**⁽¹⁷⁾."// U.S. President Harry Truman said/ he **made the decision**⁽¹⁸⁾ to drop the

---

ℓ.6　As a young man... : =When he was a young man（彼が若かったときに）
ℓ.8　...their skin peeling off : =*with* their skin peeling off（皮膚がむけている状態で）。（例）(With) night coming on, he closed the store.（夜が近づいたので、彼は店を閉めた）

Chapter 05

atomic bomb/ to **bring a quick end to**[19] the war,/ hoping
戦争を早期に終わらせるために　　　　　　　　　　　　　　日本が

Japan would **surrender**[20].// After three days, when Japan
降伏することを願って。　　　　　　　3日たって日本はまだ降伏しなかったので

did not surrender,/ another **nuclear bomb**[21] was dropped on
　　　　　　　　　　　長崎市に、もう一発の原子爆弾が投下された。

the city of Nagasaki.// **Less than**[22] a week later, the Japanese
　　　　　　　　　　　1週間もしないうちに、日本の指導者たちは降伏した

leaders surrendered,/ **marking**[23] the end of World War Ⅱ.//
　　　　　　　　それが第2次世界大戦の終結となった。

　　　　　　　Shotaro Kodama **vividly**[24] remembers/ the day the
児玉昭太郎さんは、はっきりと覚えている　　　　　原爆が広島

bomb fell over Hiroshima.// He saw people **roaming**[25] the
に投下された日のことを。　　　　彼は人々が、街中をさまよっているのを見た

city/ with **blackened**[26] skin, no hair, and **naked**[27] —/ their
　　　黒焦げの肌で、髪の毛もなく、裸で　　　　　　　　　衣服

clothes[28] **torn off**[29] from the blast.// He was a teenager work-
は爆発のため、引き剥がされていた。　　　　　彼は10代で、工場で働いていた

ing in a **factory**[30] / where part of the building **collapsed**[31],/
　　　　　　　　　　　　　（工場は）建物の一部が崩壊したが

lucky to be **alive**[32].//
幸運にも命をとりとめた。

ℓ.5 ..., marking the end of World War Ⅱ. : =and it marked the end of World War Ⅱ.
（そしてそれが第2次世界大戦の終結をしるした）

ℓ.6 ...the day the bomb fell over Hiroshima : =the day *when* the bomb fell over Hiroshima. （広島に原爆が落ちた日）

ℓ.7 He saw people roaming the city... : see(hear)+O+〜ingで「Oが〜しているのを見る（聞く）」。（例）I saw her walking across the street. （彼女が通りを渡っているのを見た）

ℓ.9 ...their clothes torn off... : =*with* their clothes torn off「服が引き剥がされた状態で」。

広島の原爆投下

"When the atomic bomb blasted,/ I saw a big **flash**⁽³³⁾, a very bright one,"/ he says.// "But I didn't hear the blasting sound/ because the factory **was full of**⁽³⁴⁾ machines, motors **and so forth**⁽³⁵⁾."//

Kodama says/ it is difficult to look at the **bomber**⁽³⁶⁾/ that **destroyed**⁽³⁷⁾ Hiroshima/ and he does not think it should be **on exhibit**⁽³⁸⁾.//

He says he can't **imagine**⁽³⁹⁾/ another atomic bomb ever being used again.//

ℓ.5　bomber：「エノラ・ゲイ」。現在はスミソニアン航空宇宙博物館の別館に展示されている。

ℓ.6　...he does not think it should be on exhibit. : 日本人の感覚では、he thinks it should not be on exhibit. とした方がわかりやすいが、英語では、thinkを否定するのが普通。(例)I don't think it is a good idea. （それはいい考えではないと思う）。通例、I think it is not a good idea. とはしない。

ℓ.8　...he can't imagine another atomic bomb ever being used... : imagine＋O＋～ingで「Oが～することを想像する」。(例)I can't imagine Tom doing such a thing. （私は、トムがそんなことをするのを想像できない）

Chapter 05

①佐藤良生さんは10代の若者だった/ 原子爆弾が広島に落ちたときに。// 彼は家族と逃げた/ 家が火事になったとき。// そのあとすぐ彼の髪は抜け落ちた/ 爆発による放射能の影響で。//「枕の上に、（抜けた）髪の毛がたくさんありました」/ と彼は思い起こす。//

②若いころ彼は絵を描いた/ それは本に収められた（本の一部となった）/ 若い人たちの苦しみを描いた（絵だった）/ 彼らは焼けただれ、皮膚はむけていた。//

③「アメリカ人を憎んでいるわけではありません。// それでもアメリカ政府は謝罪しなければなりません」。// アメリカ大統領、ハリー・トルーマンは言った/ 自分が原爆投下の決定を下したと/ 戦争を早期に終わらせるために/ 日本が降伏することを願って。// 3日たって日本はまだ降伏しなかったので/ 長崎市に、もう一発の原子爆弾が投下された。// 1週間もしないうちに、日本の指導者たちは降伏した/ それが第2次世界大戦の終結となった。//

④児玉昭太郎さんは、はっきりと覚えている/ 原爆が広島に投下された日のことを。// 彼は人々が、街中をさまよっているのを見た/ 黒焦げの肌で、髪の毛もなく、裸で/ 衣服は爆発のため、引き剥がされていた。// 彼は10代で、工場で働いていた/（工場は）建物の一部が崩壊したが/ 幸運にも命をとりとめた。//

⑤「原爆が破裂したとき/ 私は大きな閃光を見ました、とても明るいものでした」/ 彼は言う。//「しかし爆発音は聞こえませんでした/ というのも工場は機械やモーターなどで一杯だったからです」。//

⑥児玉さんはこう言う/ 爆撃機を見るのはつらい/ 広島を破壊した（爆撃機を）/ だから、これは展示すべきではないと考えている。//

⑦彼は想像できないと言う/（将来）また原爆が使われることを。//

広島の原爆投下

①Yoshio Sato was a **teenager**/ when the **atomic bomb** fell on Hiroshima.// He **fled** with his family/ when their house **caught fire**.// **Soon after**, his hair **fell out**/ from the **effects** of the **radiation** from the **blast**.// "On my **pillow** I found much hair,"/ he **recalls**.//

②As a young man he painted pictures/ that became part of a book—/ showing the **suffering** of young people/ who were **burned**, their skin **peeling off**.//

③"I do not **hate** the American people.// But the American **government** has to **apologize**."// U.S. President Harry Truman said/ he **made the decision** to drop the atomic bomb/ to **bring a quick end to** the war,/ hoping Japan would **surrender**.// After three days, when Japan did not surrender,/ another **nuclear bomb** was dropped on the city of Nagasaki.// **Less than** a week later, the Japanese leaders surrendered,/ **marking** the end of World War Ⅱ.//

④Shotaro Kodama **vividly** remembers/ the day the bomb fell over Hiroshima.// He saw people **roaming** the city/ with **blackened** skin, no hair, and **naked**—/ their **clothes torn off** from the blast.// He was a teenager working in a **factory**/ where part of the building **collapsed**,/ lucky to be **alive**.//

⑤"When the atomic bomb blasted,/ I saw a big **flash**, a very bright one,"/ he says.// "But I didn't hear the blasting sound/ because the factory **was full of** machines, motors **and so forth**."//

⑥Kodama says/ it is difficult to look at the **bomber**/ that **destroyed** Hiroshima/ and he does not think it should be **on exhibit**.//

⑦He says he can't **imagine**/ another atomic bomb ever being used again.//

Mark Twain : One of America's Best Loved Writers
マーク・トウェイン：アメリカの愛すべき国民作家

1. 作家	**wríter** 名
2. 話し言葉、発言	**spéech** 名
3. 複雑な	**compléx** 形
4. とらえる	**cápture** 動
5. 経験	**expérience** 名
6. 起こる、行われる	**tàke pláce**
7. 木でできた、木製の	**wóoden** 形
8. 柵	**fénce** 名
9. 出版する；公表する	**públish** 動
10. まるで〜のように行動する	**áct às if 〜**
11. だます；策略	**tríck** 動 名

1. 類 author：著者、作家
2. 動 speak：話す
9. 名 publication：出版

12. 成功した	**succéssful** 形
13. 同意する、賛成する	**agrée** 動
14. 考える、〜とみなす	**considér** 動
15. 貧しい	**póor** 形
16. 酒	**álcohol** 名
17. 打つ、たたく	**béat** 動
18. 自由にする、開放する	**frée** 動
19. 制限、制約	**restríction** 名
20. 外に出ている、家に帰らない	**stày óut**
21. タバコ	**tobácco** 名
22. 〜から逃げ出す	**rùn awáy from** 〜
23. 逃げる	**escápe** 動
24. 奴隷であること、奴隷制度	**slávery** 名
25. いかだ	**ráft** 名

12. 名 success：成功；動 succeed：成功する
13. 反 disagree：意見が合わない、反対する
15. 反 rich：金持ちの
17. 活用は、beat-beat-beaten
19. 動 restrict：制限する
24. 名 slave：奴隷

Chapter 06

26. 〜でできている   (be) máde of 〜

マーク・トウェイン：アメリカの愛すべき国民作家

Mark Twain was the first **writer**(1) / to use the
speech(2) of common Americans in his books.// He showed/
that simple American English could be as fine an instrument
for great writing/ as more **complex**(3) language.// Through
his books, he **captured**(4) American **experiences**(5) / as no other
writer had.//

Many of the stories **take place**(6) in Hannibal,
Missouri.// The small **wooden**(7) house where he lived as a boy/
still stands there.// Next to the house is a wooden **fence**(8).//
It is the kind described in Twain's book, *The Adventures of*
Tom Sawyer,/ **published**(9) in 1876.//

ℓ.3 ...as fine an instrument...as... : 語順に注意。通常は a fine instrument と a ＋形容詞＋名詞の語順になるが、これは直前の as に引かれて、形容詞が前に出た形。as＋形容詞＋a＋名詞と覚える。(例) It was as good a day as I have ever spent.（その日は今までで、最高の日だった）

ℓ.9 Next to the house is a wooden house. : A wooden fence is next to the house.「木の柵がその家の隣にある」を倒置した形。

ℓ.11 ...published in 1876. : ＝*which was* published in 1876.（それは1876年に出版された）

Chapter 06

1 In that story,/ Tom has been told to paint the
2 fence.// He does not want to do it.// But he **acts as if**⁽¹⁰⁾ the
3 job is great fun.// He **tricks**⁽¹¹⁾ other boys/ into believing
4 this.// His trick is so **successful**⁽¹²⁾ / that they **agree**⁽¹³⁾ to pay
5 him money/ to let them finish his work.// *The Adventures of*
6 *Tom Sawyer* is **considered**⁽¹⁴⁾ / one of the best books/ about
7 an American boy's life in the 1800s.//
8 Tom Sawyer's good friend is Huckleberry,/ or "Huck,"
9 Finn.// Mark Twain tells this boy's story/ in *The Adventures*
10 *of Huckleberry Finn*.// Huck is a **poor**⁽¹⁵⁾ child, without a
11 mother or home.// His father drinks too much **alcohol**⁽¹⁶⁾ and

---

ℓ.1 **Tom has been told...**：=have+been+過去分詞は、現在完了形と受動態が合体した形。「〜された」。

ℓ.2 **...he acts as if the job is great fun.**：正式には、as if the job *were* great funと仮定法を使う。本文のように現在形を使うのは略式。

ℓ.4 **His trick is so successful that...**：so 〜 that...は、「とても〜なので…」。（例）The sea was so rough that we couldn't leave the port.（海がとても荒れていたので、私たちは出港できなかった）

ℓ.5 **...to let them finish his work.**：letは使役動詞。「（望みどおりに）許可する」というニュアンスがある。let(make, have)+O+動詞の原型で「Oに〜させる」。（例）My parents let me study

マーク・トウェイン：アメリカの愛すべき国民作家

beats(17) him.//

　　　　Huck's situation has **freed**(18) him/ from the **restric-**
　　　　ハックの境遇は彼を自由にした　　　　　　　　　社会の束縛から。

tions(19) of society.// He explores in the woods and goes
　　　　　　　　　　　　　　　彼は森を探検し釣りに出かける。

fishing.// He **stays out**(20) all night and does not go to school.//
　　　　　　　　　　　一晩中家には帰らず、学校へは行かない。

He smokes **tobacco**(21).//
　　　　彼はたばこを吸う。

　　　　Huck **runs away from**(22) home.// He meets Jim, a
　　　　彼は家を飛び出す。　　　　　　　　　　　　　（そして）黒人男性、

black man/ who has **escaped**(23) from **slavery**(24).// They travel
ジムに出会う　　　　奴隷制度から逃げ出してきた（黒人だ）。　　　彼らは一緒

together/ on a **raft**(25) **made of**(26) wood/ down the Mississippi
に旅をする　　　木でできたいかだで　　　　　　ミシシッピ川を下って。

River.//

---

abroad. （両親は、私に留学をさせてくれた（留学を許してくれた））

Chapter 06

①マーク・トウェインは最初の作家だった/ 小説の中で、普通のアメリカ人が使う「話し言葉」を用いた。// 彼は示した/ シンプルなアメリカ英語が偉大な作品をつくる優れた道具となりえることを/ より複雑な言葉と同じくらいに。// 本を通して、彼はアメリカ人の経験をとらえた/ 他のどの作家もやらなかったやり方で。//

②物語の多くは、ミズーリ州ハンニバルが舞台だ。// 彼が少年時代を過ごした、小さな木製の家は/ いまでもそこにある。// 家の隣には木でできた柵がある。// それはトウェインの小説『トム・ソーヤの冒険』で描かれたような種類のもの/ (その本は) 1876年に出版された。//

③その話の中で/ トムは柵のペンキ塗りを命じられる。// 彼はそれをやりたくない。// しかしこの仕事がとても面白いふりをする。// 彼は他の少年たちをだまして/ そのこと(=仕事が面白いこと)を信じさせる。// 彼の策略は成功し/ みんなが彼にお金を払うことに同意する/ 彼の仕事をさせてくれることに。// 『トム・ソーヤの冒険』はこう考えられている/ 最高の本のひとつだと/ 1800年代のアメリカの少年の生活を描いた。//

④トム・ソーヤの親友はハックルベリーだ/ 別名「ハック」フィン。// マーク・トウェインはこの少年の物語を語る/『ハックルベリー・フィンの冒険』の中で。// ハックは貧しい少年で、母親も家もない。// 父親は酒ばかり飲み、彼を殴る。//

⑤ハックの境遇は彼を自由にした/ 社会の束縛から。// 彼は森を探検し釣りに出かける。// 一晩中家には帰らず、学校へは行かない。// 彼はたばこを吸う。//

⑥彼は家を飛び出す。// (そして)黒人男性、ジムに出会う/ 奴隷制度から逃げ出してきた(黒人だ)。// 彼らは一緒に旅をする/ 木でできたいかだで/ ミシシッピ川を下って。//

マーク・トウェイン：アメリカの愛すべき国民作家

①Mark Twain was the first **writer**/ to use the **speech** of common Americans in his books.// He showed/ that simple American English could be as fine an instrument for great writing/ as more **complex** language.// Through his books, he **captured** American **experiences**/ as no other writer had.//

②Many of the stories **take place** in Hannibal, Missouri.// The small **wooden** house where he lived as a boy/ still stands there.// Next to the house is a wooden **fence**.// It is the kind described in Twain's book, *The Adventures of Tom Sawyer*,/ **published** in 1876.//

③In that story,/ Tom has been told to paint the fence.// He does not want to do it.// But he **acts as if** the job is great fun.// He **tricks** other boys/ into believing this.// His trick is so **successful**/ that they **agree** to pay him money/ to let them finish his work.// *The Adventures of Tom Sawyer* is **considered**/ one of the best books/ about an American boy's life in the 1800s.//

④Tom Sawyer's good friend is Huckleberry,/ or "Huck," Finn.// Mark Twain tells this boy's story/ in *The Adventures of Huckleberry Finn*.// Huck is a **poor** child, without a mother or home.// His father drinks too much **alcohol** and **beats** him.//

⑤Huck's situation has **freed** him/ from the **restrictions** of society.// He explores in the woods and goes fishing.// He **stays out** all night and does not go to school.// He smokes **tobacco**.//

⑥Huck **runs away from** home.// He meets Jim, a black man/ who has **escaped** from **slavery**.// They travel together/ on a **raft made of** wood/ down the Mississippi River.//

Why Americans Celebrate Christmas
アメリカ人がクリスマスを祝う理由

1. 祝う	célebrate 動
2. 休日、クリスマス休暇	hóliday 名
3. 準備する、用意する	prepáre 動
4. 贈り物	gíft 名
5. 色彩豊かな明かり	cólorful líghts
6. 枝	bránch 名
7. 常緑樹	évergreen trée
8. 人工の	mán-máde 形
9. もの、物体	óbject 名
10. 伝統	tradítion 名
11. サンタクロース	Sánta Clàus 名

1. 名 celebration：お祝い、式典
3. 名 preparation：準備、用意
8. 類 artificial：人工の
11. アメリカ英語では、「**サ**ナ・クローズ」と発音される場合が多い。

アメリカ人がクリスマスを祝う理由

12. おもちゃ	tóy 名
13. 〜で覆(おお)われる	(be) cóvered with 〜
14. 食事	méal 名
15. 参加する	tàke párt in 〜
16. 活動	actívity 名
17. イエス・キリストの誕生	the bírth of Jésus
18. 一般に	génerally 副
19. (記念日を)祝う；観察する	obsérve 動
20. 宗教の	relígious 形
21. 飾る	décorate 動
22. 意味	méaning 名
23. 〜の代わりに、〜でなくて	instéad of 〜
24. 出席する、参列する	atténd 動
25. 含む、巻き込む	invólve 動

15. 類 participate in 〜：〜に参加する
20. 名 religion：宗教
21. 名 decoration：装飾
25. 名 involvement：関与、巻き込まれること

Chapter 07

26. 儀式；遵守	**obsérvance** 名
27. 公の場所	**públic pláce**
28. 反対する	**objéct** 動
29. 指摘する	**póint óut**
30. 憲法	**constitútion** 名
31. 設立する、制定する	**estáblish** 動
32. 政治と宗教の分離、政教分離	**separátion of relígion and góvernment**
33. 同様の、似た	**símilar** 形
34. 公立学校	**públic schóol**
35. ～に関係する、～に関することである	**concérn** 動
36. 禁止	**bán** 名
37. 宣言する	**decláre** 動
38. 学区、学校区	**schóol dìstrict**
39. ニュージャージー州	**the státe of Nèw Jérsey**

28. 綴りは同じでも、「もの、物体」の意味のときは「**オ**ブジェクト」と前にアクセントがあり、「反対する」の意味のときは、「オブ**ジェ**クト」と後ろにアクセントがあることに注意。
31. 名 establishment：設立、制定
36. 類 prohibit, forbid：禁止する
37. 名 declaration：宣言

40. 批判する	**críticize** 動	
41. 決定	**decísion** 名	
42. 〜を奪う、連れ去る	**tàke 〜 awáy**	
43. 支持する、支援する	**suppórt** 動	
44. 除外する、締め出す	**exclúde** 動	
45. 〜の感情を害する	**offénd** 動	
46. 提案する；示唆する	**suggést** 動	
47. …だけでなく〜も	**〜 as wéll as …**	
48. 信念、信条	**belíef** 名	
49. 聖歌隊	**chóir** 名	

40. 名 criticism：批評、非難； 名 critic：批評家
49. 発音は「クワイア」。

Chapter 07

1 Christmas Day is December 25.// But Americans who
2 **celebrate**[1] the **holiday**[2] / begin **preparing**[3] long before.//
3 They buy **gifts**[4] for their families and friends.// Many make
4 their homes look special.// They put **colorful lights**[5] / in the
5 windows and on the outside of their houses.// They put
6 **branches**[6] from **evergreen trees**[7] on the doors.//
7 Almost every home where Americans celebrate
8 Christmas has a Christmas tree.// They buy a real evergreen
9 tree,/ or a **man-made**[8] one.// They cover it with lights and
10 small **objects**[9] / made of glass, metal, paper or wood.//
11 **Tradition**[10] says/ that a kind old man called **Santa**

ℓ.3 Many make their homes look special. : makeは使役動詞。make(let, have)＋O＋動詞の原型で「Oに〜させる」。「多くの人が、自宅を特別に見えさせる」が直訳。makeには「強制」のニュアンスがある。(例)Mother made me go to school. (母は私を(無理やり)学校へ行かせた)

ℓ.11 a kind old man called Santa Claus : ＝a kind old man *who is* called Santa Claus (サンタクロースと呼ばれる親切な老人)

アメリカ人がクリスマスを祝う理由

Claus[11] / travels to every house the night before Christmas.//

He leaves gifts of **toys**[12] for the children.// Family members leave gifts **covered with**[13] pretty paper/ for each other under the Christmas tree.//

Some Americans open their gifts/ the night before Christmas.// Others wait until Christmas morning.// They may go to church/ or visit friends or family members.// They may eat a special holiday **meal**[14].// Or they may **take part in**[15] holiday **activities**[16] / for sick or homeless people.//

Christians celebrate Christmas as **the birth of Jesus**[17].// They believe he was the son of God.// Americans

---

ℓ.3 gifts covered with pretty paper : =gifts *which are* covered with pretty paper（きれいな紙でおおわれたプレゼント）

ℓ.10 the birth of Jesus : イエス・キリストは、英語ではJesus Christ(ジーザス・クライスト)という。

of other religions / **generally**(18) do not celebrate Christmas.// However, many send holiday cards or gifts / to their Christian friends.// Some Americans do not **observe**(19) Christmas as a **religious**(20) holiday,/ but they **decorate**(21) their homes with lights and a tree.// Some people think that the religious **meaning**(22) of Christmas has been lost.// They say people spend too much time/ buying gifts for the holiday/ **instead of**(23) **attending**(24) church and thinking about the religious meaning of Christmas.//

These Americans want to put more religion back in Christmas.// This often **involves**(25) holiday **observances**(26) in

---

ℓ.5 ...the religious meaning of Christmas has been lost. : have+been+過去分詞は、現在完了形(have+過去分詞)と受動態(be+過去分詞)が合体した形。

ℓ.6 ...people spend too much time buying gifts... :「人々は、プレゼントを買うのに時間を使いすぎる」。spend+時間+〜ingで「〜するのに時間を使う」。(例)I spent three hours repairing the car. (私は、車の修理に3時間かかった)

public places[(27)].// Some people **object**[(28)], however.// They **point out**[(29)]/ that the **Constitution**[(30)] **establishes**[(31)] a separa- tion of religion and government[(32)].//

A **similar**[(33)] problem takes place in American **public schools**[(34)].// It **concerns**[(35)] singing Christmas songs.// This year, the *New York Times* newspaper reported/ about a religious music **ban**[(36)]/ **declared**[(37)] by a **school district**[(38)] in **the state of New Jersey**[(39)].// Many community groups **criticized**[(40)] the **decision**[(41)].// Christians said/ the schools were trying to **take** Christmas music **away**[(42)] from children.//

Other people **supported**[(43)] the ban.// They said/ that

ℓ.7 ...declared by a school district... : =*which was* declared by a school district singing Christmas songs/ would **exclude**[(44)] or **offend**[(45)] people of other religions in the community.// Still others **suggested**[(46)] / that the schools include holiday songs from all the different religions.// This way students would be learning/ about other cultures **as well as**[(47)] their own.//

One school district in the western state of Washington/ has published rules for holiday time.// The schools in the town of Lake Washington say/ they include the **beliefs**[(48)] and music of all groups in the community.// Teachers say/ they are teaching about all religious holidays, not celebrating them.// Still, many Americans like to listen to Christmas

---

l. 2 **Still others suggested that...** : suggest、proposeなど、提案・要求を表す動詞に続くthat節の中では、動詞の原形が使われる。(例) I suggested that he go alone. (私は彼がひとりで行くことを提案した)

l. 4 **...about other cultures as well as their own.** : 〜 as well as...は「…だけでなく〜も」。(例) She gave us clothes as well as food. = She gave us not only food but also clothes. (彼女は私たちに、食べ物だけでなく衣服もくれた)

アメリカ人がクリスマスを祝う理由

music.// They may listen to songs/ about Santa Claus or the Christmas tree.// Many people also attend church during the Christmas holiday/ and listen to songs sung by a **choir**[49].//

ℓ.3 **songs sung by a choir**:「聖歌隊によって歌われる歌」。singの活用は、sing-sang-sung

Chapter 07

　①クリスマスは12月25日だ。// しかし、クリスマスを祝うアメリカ人は/ それよりずっと前に準備を始める。// 家族と友達にプレゼントを買う。// 多くの人が自宅を特別に装飾する。// 彼らは色とりどりの明かりを飾る/ 窓や家の外側に。// ドアには常緑樹の枝を取り付ける。//

　②クリスマスを祝うアメリカ人の家の大半にはクリスマスツリーが飾られている。// 彼らは本物の常緑樹を買うか/ 人工のものを買う。// 彼らは、明かりとさまざまな小物でそれ（＝クリスマスツリー）を飾る/ ガラス、金属、紙、木で作られた（小物だ）。//

　③伝説によれば/ サンタクロースという親切な老人が/ クリスマスの前夜、すべての家を訪れる（という）。// 彼は、子供におもちゃのプレゼントを置いていく。// 家族は、きれいな紙で包装したプレゼントを置く/ 家族それぞれのために、クリスマスツリーの根元に。//

　④プレゼントを開けるアメリカ人もいる/ クリスマスの前夜に。// クリスマスの朝まで待つ人もいる。// （クリスマスには）彼らは教会へ行ったり/ 友達や家族を訪ねるかもしれない。// クリスマス用のごちそうを食べるかもしれない。// あるいは、クリスマスの奉仕活動に参加するかもしれない/ 病人や家がない人々のために。//

　⑤キリスト教徒は、クリスマスにイエスの誕生を祝う。// 彼らは、イエスが神の子だったと信じている。// 他宗教のアメリカ人は/ ふつうクリスマスを祝わない。// しかし、多くの人がクリスマスカードやプレゼントを送る/ キリスト教徒の友人のもとへ。// アメリカ人の中には、宗教の祝日としてクリスマスを祝わないが/ 明かりやツリーで家を飾る人もいる。// クリスマスの宗教的意味が失われてしまった、と考える人もいる。// 彼らは、人々があまりに多くの時間を過ごしていると言う/ クリスマスのためにプレゼントを買う（時間を）/ 教会に行ったり、クリスマスの宗教的意味を考えたりしないで。//

　⑥こうしたアメリカ人はクリスマスに、もっと宗教（的意味）を取り戻したいと思っている。// これには、しばしば公共の場でクリスマスの儀式をすることが含まれている。// しかし、反対する人もいる。// 彼らは指摘する/憲法が「政教分離」を定めている、と。//

　⑦同様の問題はアメリカの公立学校で起こっている。// その問題は、クリスマスソングを歌うことに関係している。// 今年、『ニューヨークタイムズ』紙が伝えたのは/ 宗教音楽の禁止についてだった/ ニュージャージー州の学区によって宣言された（禁止だ）。// 多くの地域グループがこの決定を非難した。// キリスト教徒たちは言った/ 学校が子供からクリスマス音楽を奪おうとしていると。//

アメリカ人がクリスマスを祝う理由

①Christmas Day is December 25.// But Americans who **celebrate** the **holiday**/ begin **preparing** long before.// They buy **gifts** for their families and friends.// Many make their homes look special.// They put **colorful lights**/ in the windows and on the outside of their houses.// They put **branches** from **evergreen trees** on the doors.//

②Almost every home where Americans celebrate Christmas has a Christmas tree.// They buy a real evergreen tree,/ or a **man-made** one.// They cover it with lights and small **objects**/ made of glass, metal, paper or wood.//

③**Tradition** says/ that a kind old man called **Santa Claus**/ travels to every house the night before Christmas.// He leaves gifts of **toys** for the children.// Family members leave gifts **covered with** pretty paper/ for each other under the Christmas tree.//

④Some Americans open their gifts/ the night before Christmas.// Others wait until Christmas morning.// They may go to church/ or visit friends or family members.// They may eat a special holiday **meal**.// Or they may **take part in** holiday **activities**/ for sick or homeless people.//

⑤Christians celebrate Christmas as **the birth of Jesus**.// They believe he was the son of God.// Americans of other religions / **generally** do not celebrate Christmas.// However, many send holiday cards or gifts/ to their Christian friends.// Some Americans do not **observe** Christmas as a **religious** holiday,/ but they **decorate** their homes with lights and a tree.// Some people think that the religious **meaning** of Christmas has been lost.// They say people spend too much time/ buying gifts for the holiday/ **instead of attending** church and thinking about the religious meaning of Christmas.//

⑥These Americans want to put more religion back in Christmas.// This often **involves** holiday **observances** in **public places**.// Some people **object**, however.// They **point out**/ that the **Constitution establishes** a **separation of religion and government**.//

⑦A **similar** problem takes place in American **public schools**.// It **concerns** singing Christmas songs.// This year, the *New York Times* newspaper reported/ about a religious music **ban**/ **declared** by a **school district** in **the state of New Jersey**.// Many community groups **criticized** the **decision**.// Christians said/ the schools were trying to **take** Christmas music **away** from children.//

⑧（宗教音楽の）禁止を支持する人もいた。// 彼らは言った/ クリスマスソングを歌うことは/ 地域の他宗教の人々を締め出すか、その気持ちを害するだろうと。// しかし、こう提案する人もいた/ 学校は、すべての宗教のホリデーソングを尊重する（含む）べきだと。// このようにして生徒は学ぶだろう/ 自らの文化だけでなく、他の文化について。//

⑨（アメリカ）西部のワシントン州のある学区は、/ クリスマスの時期のルールを発表した。// レイク・ワシントンという町の学校は、言っている/ 彼らは、地域のすべてのグループの信仰と音楽を尊重する、と。// 教師たちは言っている/ 教師は宗教の休日はすべて教えるが、その日を祝うことはない、と。// それでも、多くのアメリカ人はクリスマス音楽を聞くのが好きだ。// 彼らは歌を聴くだろう/ サンタクロースやクリスマスツリーについての（歌を）。// 多くの人々もまた、クリスマスに教会に行く/そして聖歌隊が歌う歌を聴く。//

⑧Other people **supported** the ban.// They said/ that singing Christmas songs/ would **exclude** or **offend** people of other religions in the community.// Still others **suggested**/ that the schools include holiday songs from all the different religions.// This way students would be learning/ about other cultures **as well as** their own.//

⑨One school district in the western state of Washington/ has published rules for holiday time.// The schools in the town of Lake Washington say/ they include the **beliefs** and music of all groups in the community.// Teachers say/ they are teaching about all religious holidays, not celebrating them.// Still, many Americans like to listen to Christmas music.// They may listen to songs/ about Santa Claus or the Christmas tree.// Many people also attend church during the Christmas holiday/ and listen to songs sung by a **choir**.//

Study Finds Only 5 Percent of Tropical Forests Are Protected
保全されている熱帯林はわずか5パーセントとの研究

1. 努力、取り組み — **éffort** 名
2. 救う — **sáve** 動
3. 熱帯林 — **trópical fórest**
4. 研究者 — **reséarcher** 名
5. 守る、保護する — **protéct** 動
6. 調査する；試験する — **examíne** 動
7. 持続可能な — **sustáinable** 形
8. 管理、経営 — **mánagement** 名
9. 森林管理者 — **fórest óperator**
10. 求める — **séek** 動
11. 継続的な、連続した — **contínuous** 形

3. 熱帯林の中でも、年間を通じて十分な降雨がある地域の森林を「熱帯雨林」(tropical rain forest, rain forest)という。
4. 「リーサーチャー」と前にアクセントを付けて読む場合もある。
6. 名 examination：試験、調査
7. sustainableは、sustain（持続させる）＋-able（できる）からできた単語。

保全されている熱帯林はわずか5パーセントとの研究

12. 流れ、供給	**flów** 名
13. 製品、生産物	**próduct** 名
14. 環境	**envíronment** 名
15. 木材	**tímber** 名
16. 組織、団体	**organizátion** 名
17. 監督、管理	**supervísion** 名
18. 表す；代表する	**represént** 動
19. 3分の2	**twó-thírds** 名
20. 分ける、分類する	**divíde** 動
21. 生産	**prodúction** 名
22. 保護	**protéction** 名
23. 収穫する；（木を）伐採する	**hárvest** 動
24. 植える；植物	**plánt** 動 名
25. ～することになっている、～するはずだ	**be suppósed to ～**

16. 動 organize：組織する
17. 動 supervise：監督する、管理する
18. 名 representation：表現、代表； 名 representative：代表者

26. 管理する、経営する	**mánage** 動
27. 従う、後についていく	**fóllow** 動
28. 認める、識別する	**récognize** 動
29. 価値の高い	**váluable** 形
30. 避難所、雨宿りの場所	**shélter** 名
31. まれな、珍しい	**ráre** 形
32. 南北アメリカ、アメリカ大陸	**the Américas** 名
33. 進歩、進展	**prógress** 名
34. 平らでない、均一でない	**unéven** 形
35. 必要とする、要求する	**requíre** 動
36. 法の執行；(警察による)取り締まり、規制	**láw enfórcement**
37. 国連	**the United Nátions**
38. 〜に反応して、〜に対して	**in reáction to 〜**
39. 心配、懸念	**concérn** 名

28. 名 recognition：認識
34. 反 even：平らな
35. 名 requirement：必要なもの、資格； 類 demand, request：要求する

40. 縮む、減少する	**shrínk** 動
41. 資源	**résources** 名
42. 〜のうちいずれも…ない	**nóne of 〜**
43. 国家；国民	**nátion** 名
44. 〜に本拠（本社）がある	**be básed in 〜**
45. 〜に責任がある	**be respónsible for 〜**
46. 貿易、通商	**tráde** 名

40. 類 decrease, diminish, dwindle：減少する

A major study has looked at **efforts**⁽¹⁾/ to **save**⁽²⁾ the **tropical forests**⁽³⁾ that remain in the world.// **Researchers**⁽⁴⁾ found/ that less than 5 percent of the forest land is being **protected**⁽⁵⁾.//

The study **examined**⁽⁶⁾/ the use of **sustainable**⁽⁷⁾ **management**⁽⁸⁾ plans by **forest operators**⁽⁹⁾.// Such a plan **seeks**⁽¹⁰⁾ a **continuous**⁽¹¹⁾ **flow**⁽¹²⁾ of forest **products**⁽¹³⁾,/ without damage to the future of the forest or its **environment**⁽¹⁴⁾.//

The International Tropical **Timber**⁽¹⁵⁾ **Organization**⁽¹⁶⁾ did the study.// The researchers studied/ the **supervision**⁽¹⁷⁾ of more than 800 million hectares of forests in 33 countries.//

ℓ.3 ...is being protected. : be動詞＋being＋過去分詞は、進行形（be動詞＋～ing）と受動態（be動詞＋過去分詞）が合体した形。「～されている、されつつある」。（例）Our house is being built.（我が家は、建築中だ）

ℓ.9 the International Tropical Timber Organization：国際熱帯木材機関。略称ITTO。1986年に設置された国際機関。熱帯林資源の保全や持続的経営、利用、取引を促進するために活動している。加盟国は、2006年現在、59ヵ国。

This land **represents**⁽¹⁸⁾ / **two-thirds**⁽¹⁹⁾ of all the natural tropical forests in the world.// Tropical forests are **divided**⁽²⁰⁾ into two major kinds:/ **production**⁽²¹⁾ and **protection**⁽²²⁾.//

Production forests are **harvested**⁽²³⁾ for wood.// These forests can be natural or **planted**⁽²⁴⁾.// The study found/ that only about 7 percent of production forests are managed sustainably.//

Yet four times as much land **is supposed to**⁽²⁵⁾ be **managed**⁽²⁶⁾ / under plans developed by forest operators.// The researchers say/ it is much easier to develop a plan/ than to **follow**⁽²⁷⁾ it,/ even if operators truly want to.//

ℓ.11 ...even if operators truly want to.: even if 〜は「たとえ〜でも」。(例) We'll go on a picnic even if it rains. (たとえ雨が降っても、私たちはピクニックへ行く)

Chapter 08

1　　　　　Protection forests are **recognized**(28) as **valuable**(29) /
　　　　　「保安林」は役に立つと認識されている

2　not for harvested wood, but as **shelters**(30) for animal and plant
　材木伐採のためではなく、動物や植物の保護区域として

3　life,/ a lot of it **rare**(31).// Protected areas represent/ more than
　その多くが希少な存在となっている（動植物の）。　　保安地域は相当する　　　　　4億6,000

4　460 million hectares of forests.// Yet management plans have
　万ヘクタール以上の森林に。　　　　しかし、管理計画が作成されているのは

5　been developed/ for just 4 percent of that land.// And the
　　　　　　　　　その土地のわずか4パーセントだけだ。　　　　また、

6　study found/ that the plans are being followed on only 2 per-
　調査でわかったのは　　　　　わずか、2パーセント（の土地）しか、計画に従っていないことだ。

7　cent.//

8　　　　　From Asia to Africa to **the Americas**(32),/ **progress**(33)
　　　　　アジアからアフリカ、そして南北アメリカまで、　　　　　　熱帯林保

9　is **uneven**(34) in efforts to save tropical forests.// Good manage-
　全活動の進展は、地域によってばらばらだ。　　　　　　　　（森林）管理

10　ment **requires**(35) **law enforcement**(36) and money.// It also
　を上手にやるには、法律による規制と資金が必要である。　　　　　さらに、

11　requires interest and ability.//
　関心と能力が必要だ。

ℓ. 2　...not for harvested wood, but as shelters... : not ～ but ...は「～ではなく、…」という意味の慣用表現。（例）This is not red but orange.（これは赤ではなくて、オレンジ色だ）

ℓ. 3　...a lot of it rare. : =*and* a lot of it *is* rare.

ℓ. 4　...management plans have been developed... : 能動態に直せば、they have developed management plans.（彼らは、管理計画を作成している）

ℓ. 6　...the plans are being followed on only 2 percent... : 能動態に直せば、they are following the plans on only 2 percent.（彼らは、わずか2パーセントの土地でしか、その計画に従っていない）

保全されている熱帯林はわずか5パーセントとの研究

Yet there is good news.// The report says sustainably managed forests/ now cover at least 36 million hectares,/ an area the size of Germany.//

The United Nations[37] established/ the International Tropical Timber Organization/ in 1986.// The group was formed/ **in reaction to**[38] **concerns**[39] about **shrinking**[40] forest **resources**[41].// At the time,/ almost **none of**[42] the world's tropical forests had/ plans for sustainable management.//

Fifty-nine **nations**[43] are members of the organization/ which **is based in**[44] Yokohama, Japan.// They **are responsible for**[45]/ about 80 percent of the world's tropical forests and 90

ℓ.2 an area the size of Germany : =an area *of* the size of Germany（ドイツと同じぐらいの面積）。ofを省略した言い方のほうが一般的。

percent of **trade**⁽⁴⁶⁾ in tropical wood.//

保全されている熱帯林はわずか5パーセントとの研究

Chapter 08

①ある大規模な調査が、ある活動に注目した/ 世界に残っている熱帯林を守るための(活動に)。// 研究者によると/ 保護されている森林地域は5パーセントに満たない。//

②この調査で調べたのは/ 森林管理者が、持続可能な管理計画を適用しているかどうかだ。// そのような計画では、(植林などにより)木材が継続的に供給されるようにする/ 将来、森林や環境へ害が出ないように。//

③国際熱帯木材機関がその調査を行った。// 研究者が調査したのは/ 33ヵ国における8億ヘクタール以上の森林の監督状況だ。// この土地は相当する/ 世界中に存在する、すべての天然熱帯林の3分の2に。// 熱帯林は大きく2つの種類に分類される/ (それは)生産と保護だ。//

④「生産林」は、木材のために伐採が行われるもの。// これらの森林は、天然林の場合も植林されたものもある。// この調査でわかったのは/「生産林」のわずか7パーセントしか持続可能な管理が行われていない(ということだ)。//

⑤しかし、その4倍の土地を管理することになっているはずだ/ 森林管理者が作成した計画の下で。// 研究者は言う/ 計画を立てる方がずっと楽だ/ 計画に(きちんと)従うよりも/ たとえ森林管理者が本当に(従いたい)と思っていても。//

⑥「保安林」は役に立つと認識されている/ 材木伐採のためではなく、動物や植物の保護区域として/ その多くが希少な存在となっている(動植物の)。// 保安地域は相当する/ 4億6,000万ヘクタール以上の森林に。// しかし、管理計画が作成されているのは/ その土地のわずか4パーセントだけだ。// また、調査でわかったのは/ わずか、2パーセント(の土地)しか、計画に従っていないことだ。//

⑦アジアからアフリカ、そして南北アメリカまで、/ 熱帯林保全活動の進展は、地域によってばらばらだ。// (森林)管理を上手にやるには、法律による規制と資金が必要である。// さらに、関心と能力が必要だ。//

⑧しかし、よいニュースもある。// その報告書によれば、持続可能管理が行われている森林は/ 現在、少なくとも3,600万ヘクタールに達しているが/ (それは)ドイツの面積に等しい。//

⑨国連は創設した/ 国際熱帯木材機関を/ 1986年に。// この機関が作られたのは/ 減少する森林資源に対する懸念によるものだ。// 当時、/ 世界の熱帯林のほとんどが持っていなかった/ 持続可能な管理計画を。//

⑩59ヵ国がこの組織の加盟国だ/ 本拠(事務局)は、日本の横浜にある。// 加盟国が占めているのは/ 世界の熱帯林の約80パーセントと熱帯木材売買の90パーセントに及ぶ。//

① A major study has looked at **efforts**/ to **save** the **tropical forests** that remain in the world.// **Researchers** found/ that less than 5 percent of the forest land is being **protected**.//

② The study **examined**/ the use of **sustainable management** plans by **forest operators**.// Such a plan **seeks** a **continuous flow** of forest **products**,/ without damage to the future of the forest or its **environment**.//

③ The International Tropical **Timber Organization** did the study.// The researchers studied/ the **supervision** of more than 800 million hectares of forests in 33 countries.// This land **represents**/ **two-thirds** of all the natural tropical forests in the world.// Tropical forests are **divided** into two major kinds:/ **production** and **protection**.//

④ Production forests are **harvested** for wood.// These forests can be natural or **planted**.// The study found/ that only about 7 percent of production forests are managed sustainably.//

⑤ Yet four times as much land **is supposed to** be **managed**/ under plans developed by forest operators.// The researchers say/ it is much easier to develop a plan/ than to **follow** it,/ even if operators truly want to.//

⑥ Protection forests are **recognized** as **valuable**/ not for harvested wood, but as **shelters** for animal and plant life,/ a lot of it **rare**.// Protected areas represent/ more than 460 million hectares of forests.// Yet management plans have been developed/ for just 4 percent of that land.// And the study found/ that the plans are being followed on only 2 percent.//

⑦ From Asia to Africa to **the Americas**,/ **progress** is **uneven** in efforts to save tropical forests.// Good management **requires law enforcement** and money.// It also requires interest and ability.//

⑧ Yet there is good news.// The report says sustainably managed forests/ now cover at least 36 million hectares,/ an area the size of Germany.//

⑨ **The United Nations** established/ the International Tropical Timber Organization/ in 1986.// The group was formed/ **in reaction to concerns** about **shrinking** forest **resources**.// At the time,/ almost **none of** the world's tropical forests had/ plans for sustainable management.//

⑩ Fifty-nine **nations** are members of the organization/ which **is based in** Yokohama, Japan.// They **are responsible for**/ about 80 percent of the world's tropical forests and 90 percent of **trade** in tropical wood.//

Chapter 09

Thomas Edison: A Self-Taught Inventor
トマス・エジソン：独学の発明家

1. 独学の	**sélf-táught** 形
2. 精神的な問題、精神病	**méntal próblem**
3. 実験；実験する	**expériment** 名 動
4. 化学の；化学薬品	**chémical** 形 名
5. 実験室、研究室	**láboratòry** 名
6. 電気	**elèctrícity** 名
7. 電信、電報	**télegràph** 名
8. 電気信号	**eléctric sígnal**
9. 電線；針金	**wíre** 名
10. 長距離	**lóng dístance**
11. （電話の）交換手	**óperàtor** 名

1. 類 self-made：自力で出世した

12. 異なった、さまざまな	**dífferent** 形
13. アメリカ政府	**the United Státes góvernment**
14. 文書、書類	**dócument** 名
15. 要請する、頼む	**requést** 動
16. 法的な保護	**légal protéction**
17. 発明（品）	**invéntion** 名
18. 特許	**pátent** 名
19. 装置、機械	**devíce** 名
20. 投票；投票する	**vóte** 名 動
21. 数える	**cóunt** 動
22. 選挙	**eléction** 名
23. 改善する、改良する	**impróve** 動
24. 金融の；財政上の	**fináncial** 形
25. 情報	**ìnformátion** 名

12. 名 difference：相違、違い
22. 動 elect：選ぶ、選挙する ； 形 elective：選挙の、選択科目の
24. 名 finance：財政、金融

26. 株、株式	**stóck** 名
27. 改善、改良	**impróvement** 名
28. 量、総計	**amóunt** 名
29. 許す、許可する	**permít** 動
30. 発表する	**annóunce** 動
31. 既存の	**exísting** 形
32. 取り組む、製作する	**wórk on ～**
33. 発明する	**invént** 動
34. 小さい、重要でない	**mínor** 形
35. 提案する	**propóse** 動
36. 注文に応じて	**to órder**
37. 社員、従業員	**employée** 名
38. ～へつながる	**léad to ～**
39. 極端に、極めて	**extrémely** 副

28. 類 number：数
29. 類 allow：許す
30. 名 announcement：発表、アナウンス
31. 動 exist：存在する
34. 反 major：大きな、主要な
35. 名 proposal：提案
37. 動 employ：雇う；名 employer：雇用主；名 employment：雇用

トマス・エジソン：独学の発明家

40. しかし、そうはいっても	**but thén (agàin)**
41. 〜なしですます	**gò withóut 〜**

40. 類 do without 〜：〜なしですます

Chapter 09

1 Thomas Edison was **self-taught**⁽¹⁾.// He went to
2 school for only 3 months.// His teacher thought/ he could not
3 learn because he had a **mental problem**⁽²⁾.// But young Tom
4 Edison could learn.// He learned from books and he **experi-**
5 **mented**⁽³⁾.// At the age of 10,/ he built his own **chemical**⁽⁴⁾
6 **laboratory**⁽⁵⁾.// He experimented with chemicals and **electric-**
7 **ity**⁽⁶⁾.// He built a **telegraph**⁽⁷⁾ machine/ and quickly learned
8 to send and receive telegraph messages.// At the time, send-
9 ing **electric signals**⁽⁸⁾ over **wires**⁽⁹⁾ was the fastest method/ of
10 sending information **long distances**⁽¹⁰⁾.// At the age of 16,/ he
11 went to work as a telegraph **operator**⁽¹¹⁾.//

ℓ.10 ...he went to work as a telegraph operator. : 直訳は「彼は電信技手として職についた」。
go to workは「職につく、仕事を始める」。

トマス・エジソン：独学の発明家

He later worked in many **different**(12) places.// He
彼は、その後さまざま場所で働いた。

continued to experiment with electricity.// When he was 21,/
彼は電気の実験を続けた。　　　　　　　　　　　　21歳のとき

he sent **the United States government**(13) the **documents**(14)/
彼はアメリカ政府に書類を送付した

needed to **request**(15) the **legal protection**(16) for his first **inven-**
彼の最初の発明にたいする法的な保護を求めるのに必要な（書類を）。

tion(17).// The government gave him his first **patent**(18)/ on an
政府は、彼に最初の特許を与えた

electric **device**(19) he called an Electrographic **Vote**(20) Recorder.//
彼が「電気投票記録機」と呼んだ電気装置に対して。

It used electricity to **count**(21) votes in an **election**(22).//
それは、電気を使い、選挙の投票を集計する（装置だった）。

In the summer months of 1869,/ the Western Union
1869年の夏の月に　　　　　　　　　　　　　　　ウエスタン・ユニオン

Telegraph Company asked Thomas Edison/ to **improve**(23) a
電信会社はトマス・エジソンに依頼した　　　　　　　　　　金融情報送付に

device that was used to send **financial**(24) **information**(25).// It
使う装置を改善してくれ、と。

was called a **stock**(26) printer.// Mr. Edison very quickly made
それは「株価表示機」と呼ばれた。　　エジソンは、あっという間に、この装置を

ℓ.4 ...needed to request... : =*which was* needed to request...
ℓ.5 an electric device he called an Electrographic Vote Recorder : =an electric device *that* he called an Electrographic Vote Recorder（彼が電気投票記録機と呼んだ電気装置）

Chapter 09

1. great **improvements**(27) in the device.// The company paid
2. him 40,000 dollars for his effort.// That was a lot of money for
3. the time.//

4. This large **amount**(28) of money/ **permitted**(29) Mr.
5. Edison to start his own company.// He **announced**(30)/ that
6. the company would improve **existing**(31) telegraph devices and
7. **work on**(32) new inventions.//

8. Mr. Edison told friends/ that his new company
9. would **invent**(33) a **minor**(34) device every 10 days/ and produce
10. what he called a "big trick" about every 6 months.// He also
11. **proposed**(35)/ that his company would make inventions **to**

ℓ. 10 "big trick"：直訳は、「大掛かりなトリック」。

トマス・エジソン：独学の発明家

order(36).// He said that/ if someone needed a device to do some kind of work,/ just ask and it would be invented.//

Within a few weeks/ Thomas Edison and his **employees**(37) were working/ on more than 40 different projects.// They were either new inventions/ or would **lead to**(38) improvements in other devices.// Very quickly he was asking the United States government/ for patents to protect more than 100 devices or inventions each year.// He was an **extremely**(39) busy man.// **But then**(40) Thomas Edison was always very busy.//

He almost never slept more than 4 or 5 hours a

ℓ.6 …he was asking the United States government for patents… : ask ～ for…は「～に…を求める」。直訳は、「彼はアメリカ政府に、特許を求めていた」。（例）I asked my father for money.（私は父親に、金をくれといった）

Chapter 09

1. night.// He usually worked 18 hours each day/ because he
2. enjoyed what he was doing.// He believed/ no one really
3. needed much sleep.// He once said/ that anyone could learn
4. to **go without**(41) sleep.//

ℓ.1 …he enjoyed what he was doing. : 直訳は「彼は、自分がしていることを楽しんだ」。

トマス・エジソン：独学の発明家

1
2
3
4
5
6
7
8
9
10
11

Chapter 09

①トマス・エジソンは独学の人だ。// 彼が学校に通ったのはわずか3ヵ月だけだ。// 彼の教師は考えた/ 彼は精神に問題があるので学習ができないと。// それでも、若きトマス・エジソンは学習することができた。// 本から学習し、実験をしたのだ。// 10歳のときに/ 自分の化学実験室を造った。// 彼は化学薬品と電気の実験をした。// 電信装置をつくり/ すぐに、電信メッセージの送受信の方法を覚えた。// 当時は、電線で電気信号を送るのが一番速い方法だった/ 情報を遠くに送る（方法としては）。// 16歳のときに/ 彼は電信技手の仕事に就いた。//

②彼は、その後さまざま場所で働いた。// 彼は電気の実験を続けた。// 21歳のとき/ 彼はアメリカ政府に書類を送付した/ 彼の最初の発明にたいする法的な保護を求めるのに必要な（書類を）。// 政府は、彼に最初の特許を与えた/ 彼が「電気投票記録機」と呼んだ電気装置に対して。// それは、電気を使い、選挙の投票を集計する（装置だった）。//

③1869年の夏の月に/ ウエスタン・ユニオン電信会社はトマス・エジソンに依頼した/ 金融情報送付に使う装置を改善してくれ、と。// それは「株価表示機」と呼ばれた。// エジソンは、あっという間に、この装置を大幅に改良した。// この会社は彼の努力に対して4万ドルを支払った。// それは、当時としては巨額な報酬だった。//

④この巨額な収入のおかげで/ エジソン自身の会社設立が可能になった。// 彼は発表した/ この会社は、既存の電信装置を改良し、新たな発明に取り組む、と。//

⑤エジソンは友人に語った/ この新会社は10日ごとに小さな装置を発明し/ 約6ヵ月ごとに彼が「大発明」と呼ぶものを作り出すと。// 彼は、また提案した/ 自分の会社は注文に応じて発明品をつくる、と。// 彼は言った/ もし、ある種類の仕事をする装置が必要なら/ 自分に頼めば、発明されるだろうと。//

⑥数週間もたたないうちに/ トマス・エジソンと社員は、取り組んでいた/ 40を超えるさまざまなプロジェクトに。// それらは新しい発明品であるか/ もしくは他の装置の改良へとつながるものだった。// すぐにエジソンは、アメリカ政府に依頼しようとした/ 毎年、100以上の装置、発明品を保護する特許を発行するよう。// エジソンはきわめて忙しい人だった。// しかも、トマス・エジソンは常に多忙だった。//

⑦一晩に4時間か5時間以上眠ることはまずなかった。// 彼はたいてい、毎日18時間働いた/ 自分の仕事を楽しんでいたため（できたの）だ。// 彼は信じていた/ 人間は、それほど多くの睡眠を必要とはしない、と。// 彼はかつて言ったことがあった/ 誰でも、睡眠を取らずにやっていけるようになる、と。//

トマス・エジソン：独学の発明家

①Thomas Edison was **self-taught**.// He went to school for only 3 months.// His teacher thought/ he could not learn because he had a **mental problem**.// But young Tom Edison could learn.// He learned from books and he **experimented**.// At the age of 10,/ he built his own **chemical laboratory**.// He experimented with chemicals and **electricity**.// He built a **telegraph** machine/ and quickly learned to send and receive telegraph messages.// At the time, sending **electric signals** over **wires** was the fastest method/ of sending information **long distances**.// At the age of 16,/ he went to work as a telegraph **operator**.//

②He later worked in many **different** places.// He continued to experiment with electricity.// When he was 21,/ he sent **the United States government** the **documents**/ needed to **request** the **legal protection** for his first **invention**.// The government gave him his first **patent**/ on an electric **device** he called an Electrographic **Vote** Recorder.// It used electricity to **count** votes in an **election**.//

③In the summer months of 1869,/ the Western Union Telegraph Company asked Thomas Edison/ to **improve** a device that was used to send **financial information**.// It was called a **stock** printer.// Mr. Edison very quickly made great **improvements** in the device.// The company paid him 40,000 dollars for his effort.// That was a lot of money for the time.//

④This large **amount** of money/ **permitted** Mr. Edison to start his own company.// He **announced**/ that the company would improve **existing** telegraph devices and **work on** new inventions.//

⑤Mr. Edison told friends/ that his new company would **invent** a **minor** device every 10 days/ and produce what he called a "big trick" about every 6 months.// He also **proposed**/ that his company would make inventions **to order**.// He said that/ if someone needed a device to do some kind of work,/ just ask and it would be invented.//

⑥Within a few weeks/ Thomas Edison and his **employees** were working/ on more than 40 different projects.// They were either new inventions/ or would **lead to** improvements in other devices.// Very quickly he was asking the United States government/ for patents to protect more than 100 devices or inventions each year.// He was an **extremely** busy man.// **But then** Thomas Edison was always very busy.//

⑦He almost never slept more than 4 or 5 hours a night.// He usually worked 18 hours each day/ because he enjoyed what he was doing.// He believed/ no one really needed much sleep.// He once said/ that anyone could learn to **go without** sleep.//

Chapter 10

Literacy: The Ability to Read and Write
リテラシー：読み書きの能力

1. 読み書きの能力	líteracy 名
2. 読み書きができる	líterate 形
3. 個人	indivídual 名
4. 少なくとも	at léast
5. 必要な	nécessary 形
6. 機能する、活動する	óperate 動
7. 基本的人権	básic húmanríght
8. 医療	héalth càre
9. 住宅（供給）	hóusing 名
10. 教育	educátion 名
11. 道具	tóol 名

リテラシー：読み書きの能力

12.	～に対処する、扱う	déal with ～
13.	教育上の	educátional 形
14.	科学の	scièntífic 形
15.	文化の	cúltural 形
16.	述べる、言及する	nóte 動
17.	～と関連している、つながっている	be línked to ～
18.	経済的安定、経済保証	èconómic secúrity
19.	増やす、増える	incréase 動
20.	独自性；身元	idéntity 名
21.	文化	cúlture 名
22.	(政府などの)機関；代理店	ágency 名
23.	かかわり、参加	invólvement 名
24.	公職、公的な生活	públic lífe
25.	見積もる	éstimate 動

12. 類 cope with ～：～に対処する：dealの活用は deal-dealt-dealt
14. 名 science：科学
19. 類 grow, expand, enhance：増える、増やす
20. 名 identification：ID card(身分証明書)は、identification cardを略したもの。
22. 名 agent：代理人
24. 「公職」とは「政府関係の仕事」、「議員」などを指す。

26. 成人	**adúlt** 名
27. 当局(者);役人、職員	**offícials** 名
28. 大半、過半数	**majórity** 名
29. 加える、つけ足す	**ádd** 動
30. 〜できない	**fáil to 〜**
31. 読み書きができない、文盲の	**illíterate** 形
32. 機能上	**fúnctionally** 副
33. 学業を終了する、学校の勉強をやり遂げる	**fínish schóolwòrk**
34. いくつかの;多数の	**a númber of 〜**
35. 尺度、基準	**méasure** 名
36. しかし	**howéver** 副
37. 正確な	**exáct** 形
38. 比較する	**compáre** 動
39. 報告する	**repórt** 動

27. 形 official:公の、公式の
28. 反 minority:半分以下の数、少数派
34. the number of 〜 は「〜の数」の意味。違いに注意。(例)I have been to England a number of (=several) times. (イングランドに数回行ったことがある);The number of cars has been increasing. (自動車の数が増えている)
36. howeverには「どんなに〜でも」という意味もある。(例)However hard you try, you sometimes fail. (どんなに一生懸命頑張っても、失敗することもある)
38. 名 comparison:比較

リテラシー：読み書きの能力

40. 識字率	líteracy ràte
41. 人口	pòpulátion 名
42. 〜を含む	inclúde 動

Chapter 10

1. Many people say/ **literacy**⁽¹⁾ is the ability to read and
多くの人々は言う　　　　　「リテラシー」とは読み書きの能力のことだ、と。

2. write.// They say/ to be considered **literate**⁽²⁾,/ an **individual**⁽³⁾
彼らによると　　「リテラシー」があると見なされるためには　　（個）人は、少

3. must have **at least**⁽⁴⁾ some ability to read or write.// Some
なくともある程度読み書きの能力がなければならない。　　　　　　　アメリカ

4. American experts say/ literacy is more than that.// They
の研究者のなかにはこう言う人もいる　「リテラシー」とは、それ以上のものであると。　彼らは

5. say/ it means having both the language and other skills/
言う　「リテラシー」とは言語だけでなく他の技術を持ち合わせなければならない

6. **necessary**⁽⁵⁾ to live and **operate**⁽⁶⁾ in society.//
社会の中で生活し活動するのに必要な（技術を）。

7. Fifty years ago, the United Nations declared/ that lit-
50年前に、国連は宣言した　　　　　　　　　「リテ

8. eracy is a **basic human right**⁽⁷⁾.// The UN also declared/ that
ラシー」は基本的人権であると。　　　　　国連はまた宣言した

9. everyone has a right to food, **health care**⁽⁸⁾, and **housing**⁽⁹⁾.//
誰でも食物、医療、住居を手にする権利を持っていると。

10. One might think/ that food, health care and housing are more
こう考える人もいるかもしれない　　食物、医療、住居は、読み書きの教育よりも重要であると。

11. important than literacy **education**⁽¹⁰⁾.// Yet now literacy is
しかし、今や読み書きの

ℓ.5 ...both the language and other skills... : both ～ and...で「～も…も両方とも」。（例）I can speak both Japanese and Korean.（私は、日本語も韓国語も話すことができる）

ℓ.10 One might think... : oneは「(一般に)人」という意味。mightは「(ひょっとして)～かもしれない」。

seen as a major **tool**(11) / to help **deal with**(12) these other needs.//

The UN **Educational**(13), **Scientific**(14) and **Cultural**(15) Organization says/ literacy is important to improving the lives of individuals.// UNESCO **notes**(16) / that literacy has **been linked to**(17) **economic security**(18) and good health.// It says/ literacy **increases**(19) a person's cultural **identity**(20) / and understanding of other **cultures**(21).// The UN **agency**(22) says/ it also increases a person's **involvement**(23) in elections and **public life**(24).//

However, many people around the world are not lit-

ℓ.1 …to help deal with these other needs. : =to help *to* deal with these other needs. helpのあとで、不定詞のtoはしばしば省略される。(例)I helped to change tires.=I helped change tires. (私は、タイヤの交換を手伝った)

ℓ.3 the UN Educational, Scientific and Cultural Organization : 国連教育科学文化機関。略称ユネスコ。1945年に設立された。教育・科学・文化面での国際協力の促進を通じ、世界の平和と人類の福祉に貢献することを目的とする。2005年現在、191ヵ国が加盟。本部はフランスのパリ。

ℓ.5 …literacy has been linked… : 現在完了形+受動態=have+been+過去分詞で「〜されている」。

erate.// An **estimated**⁽²⁵⁾ 880 million **adults**⁽²⁶⁾ are not able to read or write.// UNESCO **officials**⁽²⁷⁾ say/ a **majority**⁽²⁸⁾ of them are women.// The officials **add**⁽²⁹⁾/ that many children will not learn to read and write in school.// More than 110 million school age children around the world do not attend school.// Many others complete school or **fail to**⁽³⁰⁾ finish their studies/ without learning to read and write.// People who cannot read and write are called **illiterate**⁽³¹⁾.//

People are considered **functionally**⁽³²⁾ illiterate/ if they cannot read or write well enough/ to hold a job, finish **schoolwork**⁽³³⁾ or vote.//

ℓ.9 functionally illiterate:「機能的非識字者」は、「準非識字者」といわれることもある。まったく読み書きができないのではなく、仕事・日常生活に必要な読み書き能力を欠く人を指す。世界中で、推定8億5500万人が「機能的非識字者」である、という統計もある。

リテラシー：読み書きの能力

There are many ways to measure literacy.// In one method,/ people are considered literate/ if they have completed **a number of**$^{(34)}$ years in school.//

In another,/ people's reading and writing skills are tested.// The different **measures**$^{(35)}$ of literacy, **however**$^{(36)}$,/ are not **exact**$^{(37)}$ and cannot be easily **compared**$^{(38)}$.// Many countries **report**$^{(39)}$/ **literacy rates**$^{(40)}$ for adults, 15 years of age and older.// Using that guide,/ about 97 percent of the adult **population**$^{(41)}$ of the United States is literate.// However, this **includes**$^{(42)}$ some people/ who experts believe are functionally illiterate.//

ℓ.5 The different measures of literacy...cannot be easily compared. : 能動態に直せば、We cannot easily compare the different measures of literacy. （私たちは、読み書きのさまざまな基準を簡単に比較することはできない）

ℓ.7 ...adults, 15 years of age and older : =adults *who are* 15 years of age and older 「15歳以上の成人」が直訳。

ℓ.10 ...some people who experts believe are functionally illiterate. : experts believeは挿入句。experts believeを（　　）にいれて考えるとよい。「専門家が、機能的非識字者と信じる一部の人々」

Chapter 10

①多くの人々は言う/「リテラシー」とは読み書きの能力のことだ、と。// 彼らによると/「リテラシー」があると見なされるためには/（個）人は、少なくともある程度読み書きの能力がなければならない。// アメリカの研究者のなかにはこう言う人もいる/「リテラシー」とは、それ以上のものであると。// 彼らは言う/「リテラシー」とは言語だけでなく他の技術を持ち合わせなければならない/ 社会の中で生活し活動するのに必要な（技術を）。/

②50年前に、国連は宣言した/「リテラシー」は基本的人権であると。// 国連はまた宣言した/ 誰でも食物、医療、住居を手にする権利を持っていると。// こう考える人もいるかもしれない/ 食物、医療、住居は、読み書きの教育よりも重要であると。// しかし、今や読み書きの能力は重要な道具と見なされている/ これら他の必要なものに対処するのに役立つ（道具であると）。//

③ユネスコによると/ 読み書きの能力は、人々の生活向上にとって重要である。// ユネスコは、述べている/ 読み書きの能力が、経済的安定や健康に関係していると。// ユネスコは言う/ 読み書きの能力は、自国文化への愛着を高め/ 他（国）の文化の理解を（増進させると）。// この国連機関（ユネスコ）は言う/ また、これにより選挙や公職（議員など）へより深く関わるようになる、と。//

④しかしながら、世界中の多くの人々が、読み書きをできない。// 概算で、8億8,000万人の成人が、（文字を）読んだり書いたりすることができない。// ユネスコ当局によれば/ その大半が女性である。// 当局はさらに付け加えている/ 多くの子どもが、学校で読み書きを学習しないことになる、と。// 世界中で、就学年齢に達した1億1,000万人を超える子どもが学校に行っていない（からだ）。// ほかの多くの子どもが、卒業するか、中退する/ 読み書きを学ぶこともなく。// 読み書きができない人は「非識字者」と呼ばれる。//

⑤人は、「機能的非識字者」であると考えられる/ 読み書きが十分にできない場合/ 仕事に就いたり、学業を終了したり、投票したりするだけの（読み書き能力がない場合に）。//

⑥読み書き能力を測定する多くの方法がある。// 1つの方法では/ 人は、読み書き能力があると考えられる/ 数年の学校教育を修了している場合は。//

リテラシー：読み書きの能力

①Many people say/ **literacy** is the ability to read and write.// They say/ to be considered **literate**,/ an **individual** must have **at least** some ability to read or write.// Some American experts say/ literacy is more than that.// They say/ it means having both the language and other skills/ **necessary** to live and **operate** in society.//

②Fifty years ago, the United Nations declared/ that literacy is a **basic human right**.// The UN also declared/ that everyone has a right to food, **health care**, and **housing**.// One might think/ that food, health care and housing are more important than literacy **education**.// Yet now literacy is seen as a major **tool**/ to help **deal with** these other needs.//

③The UN **Educational**, **Scientific** and **Cultural** Organization says/ literacy is important to improving the lives of individuals.// UNESCO **notes**/ that literacy has **been linked to economic security** and good health.// It says/ literacy **increases** a person's cultural **identity**/ and understanding of other **cultures**.// The UN **agency** says/ it also increases a person's **involvement** in elections and **public life**.//

④However, many people around the world are not literate.// An **estimated** 880 million **adults** are not able to read or write.// UNESCO **officials** say/ a **majority** of them are women.// The officials **add**/ that many children will not learn to read and write in school.// More than 110 million school age children around the world do not attend school.// Many others complete school or **fail to** finish their studies/ without learning to read and write.// People who cannot read and write are called **illiterate**.//

⑤People are considered **functionally** illiterate/ if they cannot read or write well enough/ to hold a job, **finish schoolwork** or vote.//

⑥There are many ways to measure literacy.// In one method,/ people are considered literate/ if they have completed **a number of** years in school.//

⑦別の（方法）では/ 人の読み書きのスキルがテストされる。// しかし、読み書き能力のさまざまな基準は/ 正確ではなく、容易に比較することはできない。// 多くの国々は報告している/ 成人を、15歳以上とした識字率を。// その尺度を使用すると/ アメリカの成人人口の約97パーセントは読み書きができる。// しかし、この数字には次のような人々を一部含んでいる/ 専門家が、「機能的非識字者」であると考える（人々を）。//

⑦In another,/ people's reading and writing skills are tested.// The different **measures** of literacy, **however**,/ are not **exact** and cannot be easily **compared**.// Many countries **report**/ **literacy rates** for adults, 15 years of age and older.// Using that guide,/ about 97 percent of the adult **population** of the United States is literate.// However, this **includes** some people/ who experts believe are functionally illiterate.//

Chapter 11

Babies Should Be Fed Only Breast Milk for the First 6 Months
乳児は生後6ヵ月は母乳で育てるべき

1. 健康	héalth 名
2. 一般に、普通は	cómmonly 形
3. 勧める、助言する	advíse 動
4. 食べ物を与える	féed 動
5. 母乳	bréast mìlk
6. 発達、発展	devélopment 名
7. 世界保健機関、WHO	the Wórld Héalth Organizàtion
8. 母乳で育てる	bréastfèed 動
9. 食事	díet 名
10. （最高）～まで	úp to ～
11. 3人のうち1人、3個のうち1つ	óne óut of thrée

3. 名 advice：アドバイス、忠告； 名 と 動 では、語尾が違う(-ce, -se)ことに注意。また発音も 名 は「アドバイス」であり、動 は「アドバイズ」と語尾がにごる。
4. 名 food：食物
6. 動 develop：発達する、発達させる
9. on a diet なら「ダイエット（減量）をして」。しかし、dietの第一義は「（日常の）食事」の意味。
11. of「～のうちで」を強調するとout ofになることに注意。

乳児は生後6ヵ月は母乳で育てるべき

12. 病気、疾病	**diséase** 名
13. 防ぐ、予防する	**prevént** 動
14. 病気	**síckness** 名
15. 下痢	**dìarrhéa** 名
16. 肺炎	**pneumónia** 名
17. 回復する	**recóver** 動
18. 病気の	**síck** 形
19. 減らす、減少させる	**redúce** 動
20. 危険、恐れ	**rísk** 名
21. がん	**cáncer** 名
22. 生殖器	**rèprodúctive órgans**
23. 〜と比べて	**compáred to 〜**
24. 代用品	**súbstitùte** 名
25. 独占的な、排他的な	**exclúsive** 形

12. diseaseは「病名のはっきりした病気」、sickness, illnessは「(一般に)病気」。
17. 名 recovery：回復
19. 名 reduction：減少；類 decrease, dimimish, lessen：減る、減らす

Chapter 11

26. 同盟、連合	**allíance** 名
27. シロップ	**sýrup** 名
28. 余分の（=additional）	**éxtra** 形
29. ビタミン	**vítamin** 名
30. 鉱物、ミネラル	**míneral** 名
31. 基金、蓄え	**fúnd** 名
32. 提供する、提案する	**óffer** 動
33. 手段、段階	**stép** 名
34. 〜を含む	**inclúding** 〜 前
35. 〜するときはいつでも	**whenéver** 接
36. びん、哺乳びん	**bóttle** 名
37. おしゃぶり	**pácifier** 名
38. 器具、備品	**equípment** 名
39. 国際的な	**internátional** 形

29. 発音は、「バイタミン」。

乳児は生後6ヵ月は母乳で育てるべき

40. 伝統的な	**tradítional** 形
41. 成長	**grówth** 名
42. 重要性	**impórtance** 名
43. 幸福、健康	**wéll-béing** 名
44. 現在の	**cúrrent** 形
45. 基準	**stándard** 名
46. 運動（筋肉）の	**mótor** 形
47. 身体の；物理的な	**phýsical** 形

40. 名 tradition：伝統
44. currentは 名 で「流れ」という意味もある。（例）We sailed against the current.（私たちは、流れに逆らって航行した）
47. 反 mental：精神の

Chapter 11

1 **Health**⁽¹⁾ experts **commonly**⁽²⁾ **advise**⁽³⁾ mothers/ to
健康に関する専門家は、普通、母親に次のように助言している

2 **feed**⁽⁴⁾ babies only **breast milk**⁽⁵⁾ for the first 6 months.//
生後6ヵ月間、赤ちゃんには母乳のみを与えるようにと。

3 They say/ no other food is more valuable/ to the
彼らによれば　　これ以上貴重な食べ物はない　　　　　　　子供

4 **development**⁽⁶⁾ of a child.// **The World Health Organization**⁽⁷⁾
の発育にとって。　　　　　　　　世界保健機関によると

5 says/ children can be **breastfed**⁽⁸⁾ as part of their **diet**⁽⁹⁾/ for
食事の一部として子供に母乳を与えることができる

6 **up to**⁽¹⁰⁾ 2 years or longer.//
最高2年以上にわたって。

7 Yet it says/ only **one out of three**⁽¹¹⁾ babies is fed
しかしまた、こうも言っている　3人の赤ちゃんのうち1人しか母乳を与えられていない

8 only breast milk/ for even just 4 months.// Breast milk helps
4ヵ月の間でさえも。　　　　母乳は子どもを守る

9 protect children/ from infections and **disease**⁽¹²⁾.// It can **pre-**
のに役立つ　　　　伝染病や疾病から。　　　　　　母乳によ

10 **vent**⁽¹³⁾ common **sicknesses**⁽¹⁴⁾,/ such as **diarrhea**⁽¹⁵⁾ and **pneu-**
り、ありふれた病気を防ぐこともできる　　　たとえば、下痢と肺炎など。

11 **monia**⁽¹⁶⁾.// And it can help babies **recover**⁽¹⁷⁾ more quickly/ if
また、母乳は、赤ちゃんの回復を速めるのにも役立つ

ℓ. 3 ...no other food is more valuable... : =...no other food is more valuable *than* breast milk... （母乳ほど貴重な食べ物はない）

ℓ. 5 ...children can be breastfed... : breastfeedの活用は、feedと同じ。breastfeed-breastfed-breastfed

ℓ. 8 Breast milk helps protect children... : =Breast milk helps *to* protect children...

ℓ. 10 ...such as diarrhea and pneumonia. : ～ such as...は「…のような～」。（例）Japan imports a lot of fruit, such as oranges and lemons. （日本は、オレンジ、レモンなどたくさんの果物を輸入している）

ℓ. 11 And it can help babies recover... : =And it can help babies *to* recover...

they do get **sick**⁽¹⁸⁾.// Studies also show/ that mothers who breastfeed/ **reduce**⁽¹⁹⁾ their **risk**⁽²⁰⁾ of **cancer**⁽²¹⁾ in the **reproductive organs**⁽²²⁾.// Breastfeeding also saves money,/ com**pared to**⁽²³⁾ milk **substitutes**⁽²⁴⁾.//

The first week in August is World Breastfeeding Week.// The campaign this year/ involved the idea of **exclusive**⁽²⁵⁾ breastfeeding.// The World **Alliance**⁽²⁶⁾ for Breastfeeding Action says/ babies can be fed drops or **syrups**⁽²⁷⁾/ with **extra**⁽²⁸⁾ **vitamins**⁽²⁹⁾ and **minerals**⁽³⁰⁾.// But "exclusive" means/ no other foods or drinks for 6 months.//

The World Health Organization and UNICEF, the

ℓ.7 **the World Alliance for Breastfeeding Action**：世界母乳育児行動連盟。略称ワバ、WABA。1991年に創立。母乳育児が、すべての子どもと母親の権利であると考え、この権利の保護・促進・支援のために活動する世界的ネットワーク。本部はマレーシアにある。

ℓ.11 **the World Health Organization**：世界保健機関。略称WHO。1948年に設立された国連の専門機関。世界の人々が、可能なかぎりの健康を手にできるよう活動している。2006年現在の加盟国は、192ヵ国。本部はスイスのジュネーブ。

ℓ.11 **the United Nations Children's Fund**：国連児童基金。略称ユニセフ。1946年設立。2006年現在、156の国と地域で子どもたちの命と健やかな成長を守るために活動を続ける。本部はニューヨーク市。

Chapter 11

1. United Nations Children's **Fund**[(31)],/ **offer**[(32)] some **steps**[(33)] for
2. mothers.// First, they say breastfeeding should start/ within
3. the first hour after a baby's birth.// Second, the baby should
4. not receive any other food or drink,/ **including**[(34)] water.// Third,
5. babies should be breastfed/ **whenever**[(35)] they are hungry/ −
6. day or night.// And, lastly, the agencies say/ there should be
7. no use of **bottles**[(36)], **pacifiers**[(37)] or other **equipment**[(38)].//
8. **International**[(39)] health experts say/ **traditional**[(40)] ways to
9. measure child **growth**[(41)] / do not recognize things like the
10. **importance**[(42)] of breastfeeding.// So the Bill and Melinda
11. Gates Foundation/ is giving more than 6 million dollars to the

---

ℓ.10 **the Bill and Melinda Gates Foundation**：ビル＆メリンダ・ゲイツ財団。マイクロソフトの共同創業者ビル・ゲイツが、妻のメリンダと共に、2000年に創立した慈善団体。世界の不平等を是正し、人々の生活を向上させるために活動している。

W.H.O. for a six-year project.// The money will be used/ to develop new tools/ to measure the health and **well-being**[43] of young people.// **Current**[44] growth **standards**[45] describe/ how children grow at different times.// The new standards will also be linked to **motor**[46] development.// Experts say the message here is/ that **physical**[47] growth is not the only part of normal development.//

　　Doctor Mercedes de Onis heads the W.H.O. project.// She says the current growth standards used by 99 countries/ do not support international health goals.// She notes/ that one of these goals is to increase breastfeeding.//

ℓ.6 ...physical growth is not only part... :「身体の成長は、正常な発達の唯一の部分ではない」が直訳。

Chapter 11

①健康に関する専門家は、普通、母親に次のように助言している/ 生後6ヵ月間、赤ちゃんには母乳のみを与えるようにと。//

②彼らによれば/ これ以上貴重な食べ物はない/ 子供の発育にとって。// 世界保健機構によると/ 食事の一部として子供に母乳を与えることができる/ 最高2年以上にわたって。//

③しかしまた、こうも言っている/ 3人の赤ちゃんのうち1人しか母乳を与えられていない/ 4ヵ月の間でさえも。// 母乳は子どもを守るのに役立つ/ 伝染病や疾病から。// 母乳により、ありふれた病気を防ぐこともできる/ たとえば、下痢と肺炎など。// また、母乳は、赤ちゃんの回復を速めるのにも役立つ/ 赤ちゃんが病気になった場合に。// 研究では次のようなこともわかっている/ 母乳で育てる母親は/生殖器のがん（卵巣がんなど）にかかる危険性が減ることを。// 母乳で育てれば、お金の節約もできる/ ミルクの代用品と比べると。//

④8月の最初の週は「世界母乳育児週間」だ。// 今年のキャンペーンは/ 母乳だけで赤ちゃんを育てるという考え方だ。// 世界母乳育児行動連盟によれば/ 赤ちゃんはドロップやシロップを与えても育つ/ 補助的なビタミンやミネラルを含む（ドロップやシロップ）を。// しかし「母乳のみ」というのは/ （母乳以外の）他の食べ物や飲み物を6ヵ月間与えない（という意味だ）。//

⑤世界保健機関およびユニセフつまり国連児童基金が/ 母親のためにいくつかのステップを用意している。// 最初に、母乳を与え始めるのは/ 赤ちゃんの誕生後1時間以内（であるべき）だ。// 次に、赤ちゃんには、（母乳以外の）食べ物や飲み物を与えるべきではない/ これには水も含まれる。// 第三に、赤ちゃんには母乳を与えるべきだ/ 空腹の場合はいつでも/ 昼夜にかかわらず。// 最後にこれらの機関によれば/ 哺乳びん、おしゃぶりなどの器具は使うべきではない。// 健康に関する、国際的な専門家によれば/ 子どもの成長を測る伝統的な方法は/ 母乳育児の重要性などを認識していない。// そのためビル&メリンダ・ゲイツ財団は、/ 6年プロジェクトのために、600万ドル以上をWHOに寄付している。// その資金は使われるだろう/ 新しいツールを開発するために/ 若者の健康や幸福を測定する（ツールの開発のために）。// 現在の成長基準では記述されている/ 子どもが、異なる段階で、どのように成長するかを。// 新基準は、運動機能の発達にも関係することになるだろう。// 専門家によれば大事なのは/ 身体の成長だけでは、正常な発達をしているかどうかはわからない、ということだ。//

①**Health** experts **commonly advise** mothers/ to **feed** babies only **breast milk** for the first 6 months.//

②They say/ no other food is more valuable/ to the **development** of a child.// **The World Health Organization** says/ children can be **breastfed** as part of their **diet**/ for **up to** 2 years or longer.//

③Yet it says/ only **one out of three** babies is fed only breast milk/ for even just 4 months.// Breast milk helps protect children/ from infections and **disease**.// It can **prevent** common **sicknesses**,/ such as **diarrhea** and **pneumonia**.// And it can help babies **recover** more quickly/ if they do get **sick**.// Studies also show/ that mothers who breastfeed/ **reduce** their **risk** of **cancer** in the **reproductive organs**.// Breastfeeding also saves money,/ **compared to** milk **substitutes**.//

④The first week in August is World Breastfeeding Week.// The campaign this year/ involved the idea of **exclusive** breastfeeding.// The World **Alliance** for Breastfeeding Action says/ babies can be fed drops or **syrups**/ with **extra vitamins** and **minerals**.// But "exclusive" means/ no other foods or drinks for 6 months.//

⑤The World Health Organization and UNICEF, the United Nations Children's **Fund**,/ **offer** some **steps** for mothers.// First, they say breastfeeding should start/ within the first hour after a baby's birth.// Second, the baby should not receive any other food or drink,/ **including** water.// Third, babies should be breastfed/ **whenever** they are hungry/—day or night.// And, lastly, the agencies say/ there should be no use of **bottles**, **pacifiers** or other **equipment**.// **International** health experts say/ **traditional** ways to measure child **growth**/ do not recognize things like the **importance** of breastfeeding.// So the Bill and Melinda Gates Foundation/ is giving more than 6 million dollars to the W.H.O. for a six-year project.// The money will be used/ to develop new tools/ to measure the health and **well-being** of young people.// **Current** growth **standards** describe/ how children grow at different times.// The new standards will also be linked to **motor** development.// Experts say the message here is/ that **physical** growth is not the only part of normal development.//

⑥メルセデス・デ・オニス医師が、このWHOプロジェクトを率いている。// 彼女によれば、99ヵ国が使用している現在の成長基準は/ 国際的な健康目標に合致していない。// 彼女の見解では/ こうした（国際）目標のひとつが、母乳育児を増加させることだという。//

⑥Doctor Mercedes de Onis heads the W.H.O. project.// She says the current growth standards used by 99 countries/ do not support international health goals.// She notes/ that one of these goals is to increase breastfeeding.//

How Smoking Affects Your Body
喫煙が体に与える影響

1. 科学者	scíentist 名
2. 警告する	wárn 動
3. 健康に悪い	bád for one's héalth
4. 数百万の、非常に多数の	míllions of ～
5. 世界中の（で）	aròund the wórld
6. 死	déath 名
7. 現在の割合では	at cúrrent rátes
8. 主要な、主な	léading 形
9. 予防できる	prevéntable 形
10. 危険	dánger 名
11. 心臓病	héart disèase

2. 名 warning：警告
9. prevent(予防する)＋-able(できる)＝preventable

喫煙が体に与える影響

12. 脳卒中、脳出血	**stróke** 名
13. 肺	**lúng** 名
14. 米国がん学会	**the Américan Cáncer Socíety**
15. 食道	**esóphagus** 名
16. 腎臓	**kídney** 名
17. 膀胱	**bládder** 名
18. すい臓	**páncreas** 名
19. 認める、(存在を)つきとめる	**idéntify** 動
20. (紙巻き)たばこ	**cìgarétte** 名
21. 煙を出さない、無煙の	**smókeless** 形
22. 葉巻	**cigár** 名
23. 害を与える	**hárm** 動
24. 妊娠	**prégnancy** 名
25. 〜しそうだ	**be líkely to 〜**

19. 名 identification：身元確認、識別
20. cigaretteには「シ**ガ**レット」と「**シ**ガレット」の2通りのアクセントがある。
21. -lessは「〜がない」という意味の接尾語。(例) homeless(家がない)、doubtless(確かに、おそらく)
24. 形 pregnant：妊娠した

Chapter 12

26. 出生時の体重が少ないこと	lów bírth wèight
27. 〜に苦しむ、病気になる	súffer fròm 〜
28. 健康障害、健康上の問題	héalth disòrder
29. 呼吸する、吸い込む	bréathe 動
30. 間接喫煙、受動喫煙	sécondhánd smóke
31. 〜もの多くの	as mány as 〜
32. 危害；害を与える	dámage 名 動
33. ただちに、即座に	immédiately 副
34. 危険な	dángerous 形

29. 名 breath：呼吸；名は「ブレス」、動は「ブリーズ」と発音する。
30. 「間接喫煙」「受動喫煙」とは、吸いたくもないのに、他人のたばこの煙を吸わされてしまうこと。
31. 数えられない名詞を強調して「〜もの多くの」という場合は、as much asを使う。（例）This meal contains as much as 1,000 calories.（この食事は1,000カロリーもあります）
33. 類 at once, right away, instantly：すぐに

喫煙が体に与える影響

For many years, **scientists**(1) have **warned**(2) / that tobacco is **bad for your health**(3).// Yet **millions of**(4) people **around the world**(5) / continue to smoke.// The World Health Organization estimates/ that each year,/ smoking is responsible for the **deaths**(6) of 5 million people.// And that number is increasing.// **At current rates**(7),/ W.H.O. officials say/ tobacco use could kill 10 million people a year/ by 2020.//

In the United States,/ a nation of almost 300 million people,/ an estimated 44 million adults are smokers.// Health experts say/ tobacco use is the **leading**(8) **preventable**(9) cause of death in the country.// Researchers believe/ that 438,000

Chapter 12

1   Americans will die this year/ of diseases linked to smoking.//
    リカで)、43万8,000人が命を落とすだろうと　　　　　　喫煙に関係する疾患によって。

2   The **dangers**(10) of smoking are well known.// **Heart disease**(11)
    喫煙の危険性はよく知られている。　　　　　　　　　　　　　心臓病と脳卒中は、

3   and **stroke**(12) are just two of the risks.// Tobacco smoke is
    　　　　　　　そのうちの2つにすぎない。　　　　　　タバコの煙は、肺の

4   the leading cause of **lung**(13) disease.// The American Cancer
    病気の第一の原因だ。　　　　　　　　　　米国がん学会によれば

5   **Society**(14) says/ smoking is responsible for/ almost nine out of
    　　　　　　　　　喫煙は原因となっている　　　　　　　肺がんの10例のうち

6   ten cases of lung cancer/ in the United States.// Smoking is
    ほぼ9例の (原因に)　　　　　　アメリカにおいて。　　　　　喫煙は

7   also a major cause of cancers/ of the mouth, **esophagus**(15),
    た以下のがんの主な原因だ　　　　　　　　口腔、食道、腎臓、膀胱、すい臓の

8   **kidney**(16), **bladder**(17) and **pancreas**(18).// Scientists have **identi-**
    (がんの)。　　　　　　　　　　　　　　　　　　　　　科学者たちは特定した

9   **fied**(19)/ more than 60 chemicals in tobacco smoke/ that cause
    　　　　　タバコの煙の中に、60以上の化学物質を　　　　　　人間や

10 cancer in humans and animals.//
    動物にがんを引き起こす (化学物質を)。

11   **Cigarettes**(20) are not the only danger.// **Smokeless**(21)
                タバコだけが危険なのではない。　　　　　　　　　　煙の出ないタ

ℓ.1 die...of diseases : die of (from) 〜は「〜で死ぬ」。(例)A lot of people are dying of cancer each year. (毎年、多くの人ががんで死んでいく)

ℓ.1 diseases linked to smoking : =diseases *which are* linked to smoking

ℓ.4 the American Cancer Society : 米国がん学会。societyは「社会」という意味以外に「協会、クラブ、団体、学会」の意味があることに注意。(例)a historical society (歴史協会)

喫煙が体に与える影響

tobacco and **cigars**(22) also/ have been linked to cancer.//

Smoking harms(23) not only the smoker.// Women who smoke during **pregnancy**(24) / **are** more **likely to**(25) have babies/ with health problems and **low birth weight**(26).// Low birth-weight babies/ have an increased risk of early death.// They may also **suffer/ from**(27) a number of **health disorders**(28).//

Family members at home/ and people at work/ who **breathe**(29) tobacco smoke/ can also get sick.// This is the danger/ of what is known as **secondhand smoke**(30)./ Each year,/ secondhand smoke/ causes an estimated 3,000 non-smoking adults in the United States/ to die of lung cancer.//

ℓ.9 what is known as secondhand smoke：このwhatは関係代名詞で「もの、こと」の意味。「間接喫煙として知られるもの」が直訳。

ℓ.10 ...causes an estimated 3,000 non-smoking adults...to die... : cause ＋O＋to ～は「Oに～させる」。「推定3,000人の非喫煙者を死なせる」が直訳。（例）Her behavior caused me to laugh.（彼女のしぐさに私は笑ってしまった）

Chapter 12

1. At the same time,/ researchers say,/ it also causes lung infec-
   同時に　　　　　研究者によれば　　　　肺の感染症も引き起こしている
2. tions/ in **as many as**(31) 300,000 young children.// The American
   30万人もの幼い子供たちに。　　　　　　　　　米国がん学会
3. Cancer Society says/ there is no safe way to smoke.// It says
   によると　　　　　安全な喫煙方法はない。
4. smoking begins to cause **damage**(32) **immediately**(33).// All cig-
   喫煙は、即座に害を及ぼし始めるという。
5. arettes can damage the body.// Smoking even a small num-
   どんなタバコでも体に害を与える。　　　わずか数本のタバコを吸っても危険が
6. ber of cigarettes is **dangerous**(34).//
   ある、と。

ℓ.2 as many as 300,000 young children：as many as ～は「～もの多くの」。(例)I have as many as 100 books.（私は100冊も本を持っている）

喫煙が体に与える影響

Chapter 12

①長年にわたり、科学者たちは警告してきた/ タバコは健康に悪いと。// しかし世界の多くの人は/ タバコを吸い続けている。// 世界保健機関は次のように見積もっている/ 毎年、喫煙により、500万人もの人の命が奪われていると。// さらにその数は増え続けている。// 現在の割合では/ WHO当局によると/ 喫煙は、毎年1,000万人もの命を奪う可能性がある/ 2020年までに。//

②アメリカでは/ つまり約3億人（の人口）の国では/ 見積もりで、4,400万人の成人が喫煙者だ。// 医療関係の専門家によれば/ 喫煙は、アメリカにおける、予防可能な死因のトップである。// 研究者はこう考えている/ 今年は（アメリカで）、43万8,000人が命を落とすだろうと/ 喫煙に関係する疾患によって。// 喫煙の危険性はよく知られている。// 心臓病と脳卒中は、そのうちの2つにすぎない。// タバコの煙は、肺の病気の第一の原因だ。// 米国がん学会によれば/ 喫煙は原因となっている/ 肺がんの10例のうちほぼ9例の（原因に）/ アメリカにおいて。// 喫煙はまた以下のがんの主な原因だ/ 口腔、食道、腎臓、膀胱、すい臓の（がんの）。// 科学者たちは特定した/ タバコの煙の中に、60以上の化学物質を/ 人間や動物にがんを引き起こす（化学物質を）。//

③タバコだけが危険なのではない。// 煙の出ないタバコ（噛みたばこ、嗅ぎたばこ）や葉巻も/ がんと関係がある。// 喫煙は喫煙者に害を与えるばかりでない。// 女性が妊娠中に喫煙すると/ 次のような赤ちゃんを産みやすい/ 健康に問題があり、体重が少ない（赤ちゃんを）。// （出生時の）体重が少ない赤ちゃんは/ 早期に命を落とす危険性が高い。// さらに赤ちゃんは苦しむかもしれない/ いくつかの健康上の問題に。//

④家にいる家族や/ 職場の人も/ タバコの煙を吸えば/ 病気になる可能性がある。// この危険は/「間接喫煙」と呼ばれるものだ。// 毎年/ 間接喫煙は/ 推定3,000人のアメリカの非喫煙者にもたらしている/ 肺がんによる死を。// 同時に/ 研究者によれば/ 肺の感染症をも引き起こしている/ 30万人もの幼い子供たちに。// 米国がん学会によると/ 安全な喫煙方法はない。// 喫煙は、即座に害を及ぼし始めるという。// どんなタバコでも体に害を与える。// わずか数本のタバコを吸っても危険がある、と。//

①For many years, **scientists** have **warned**/ that tobacco is **bad for your health**.// Yet **millions of** people **around the world**/ continue to smoke.// The World Health Organization estimates/ that each year,/ smoking is responsible for the **deaths** of 5 million people.// And that number is increasing.// **At current rates**,/ W.H.O. officials say/ tobacco use could kill 10 million people a year/ by 2020.//

②In the United States,/ a nation of almost 300 million people,/ an estimated 44 million adults are smokers.// Health experts say/ tobacco use is the **leading preventable** cause of death in the country.// Researchers believe/ that 438,000 Americans will die this year/ of diseases linked to smoking.// The **dangers** of smoking are well known.// **Heart disease** and **stroke** are just two of the risks.// Tobacco smoke is the leading cause of **lung** disease.// **The American Cancer Society** says/ smoking is responsible for/ almost nine out of ten cases of lung cancer/ in the United States.// Smoking is also a major cause of cancers/ of the mouth, **esophagus**, **kidney**, **bladder** and **pancreas**.// Scientists have **identified**/ more than 60 chemicals in tobacco smoke/ that cause cancer in humans and animals.//

③**Cigarettes** are not the only danger.// **Smokeless** tobacco and **cigars** also/ have been linked to cancer.// Smoking **harms** not only the smoker.// Women who smoke during **pregnancy**/ **are** more **likely to** have babies/ with health problems and **low birth weight**.// Low birth-weight babies/ have an increased risk of early death.// They may also **suffer**/ **from** a number of **health disorders**.//

④Family members at home/ and people at work/ who **breathe** tobacco smoke/ can also get sick.// This is the danger/ of what is known as **secondhand smoke**./ Each year,/ secondhand smoke/ causes an estimated 3,000 non-smoking adults in the United States/ to die of lung cancer.// At the same time,/ researchers say,/ it also causes lung infections/ in **as many as** 300,000 young children.// The American Cancer Society says/ there is no safe way to smoke.// It says smoking begins to cause **damage immediately**.// All cigarettes can damage the body.// Smoking even a small number of cigarettes is **dangerous**.//

Chapter 13

Disney's Happiest Place on Earth
ディズニーの造った地上の楽園

1. 娯楽のための公園、遊園地	èntertáinment pàrk
2. 地上で、この世で	on eárth
3. 再現する	rècréate 動
4. 想像上の、架空の	imáginary 形
5. 本当の、本物の	réal 形
6. たとえば	for exámple
7. (アメリカの)西部	the Wést 名
8. ~に似ている、~のように見える	lóok like ~
9. (遊園地などの)乗り物	ríde 名
10. ゾウ	élephant 名
11. ぐるぐる回る、回転する	spín 動

1. 「遊園地」は普通、amusement parkという。
3. re-(再び)+create(創造する)=recreate
4. 動 imagine：想像する；名 imagination：想像力
5. 類 genuine：本物の、純粋な
6. 類 for instance：たとえば

ディズニーの造った地上の楽園

12. 浮かぶ、浮く	**flóat** 動
13. とりわけ	**bést of áll**
14. 〜ができる (=can)	**gét to 〜**
15. 服を着ている、正装している	**(be) dréssed** 動
16. 漫画、アニメ	**cartóon** 名
17. 生き物、生物	**créature** 名
18. 握手をする	**sháke hánds**
19. 批評家	**crític** 名
20. 巨大な金儲けの機械	**hùge móney màchìne**
21. (費用が)かかる	**cóst** 動
22. 訪問者、来訪者	**vísitor** 名
23. いたるところから、あちこちから	**from néar and fár**

14. get to＋動詞は「〜ができる」。get to＋名詞は「〜に着く」。
19. 動 criticize：批評する； 名 criticism：批評
21. 活用はcost-cost-cost
22. 日本語の「お客」は、英語では、guest, customer, visitor, clientなどということができる。ただし、次のような違いがある。guest「(招待された)客」、customer「(商店などの)客」、visitor「訪問客、観光客」、client「(弁護士などの)依頼人、顧客」。

Chapter 13

In 1955,/ Walt Disney opened an **entertainment park**[(1)] / not far from Hollywood, California.// He called it "Disneyland."// He wanted it/ to be the happiest place on **Earth**[(2)].// Disneyland **recreated**[(3)] **imaginary**[(4)] places from Disney movies.// It also recreated **real**[(5)] places/ ... as Disney imagined them.// **For example**[(6)],/ one area looked like a 19th-century town in **the** American **West**[(7)].// Another **looked like**[(8)] the world of the future.//

Disneyland also had exciting **rides**[(9)].// Children could fly on an **elephant**[(10)].// Or **spin**[(11)] in a teacup.// Or climb a mountain.// Or **float**[(12)] on a jungle river.// And—**best of**

ℓ. 4 imaginary places from Disney movies：「ディズニー映画からの想像上の場所」とは、たとえばシンデレラ城など。映画の舞台が、ディズニーランドで現実に再現されていることをいっている。

all[13] —/ children **got to**[14] meet Mickey Mouse himself.//

Actors **dressed**[15] as Mickey and all the Disney **cartoon**[16] **creatures**[17] / walked around the park **shaking hands**[18].//

Some **critics**[19] said/ Disneyland was just a **huge money machine**[20].// They said/ it **cost**[21] so much money/ that many families could not go.// And they said/ it did not represent the best of American culture.// But most **visitors**[22] loved it.// They came **from near and far**[23] to see it.//

Presidents of the United States.// Leaders of other countries.//

And families from around the world.//

Disneyland was so successful/ that Disney developed

ℓ.2 Actors dressed as Mickey and all the Disney cartoon creatures... : =Actors *who were* dressed as Mickey and all the Disney cartoon creatures...（ミッキーやディズニーアニメのすべてのキャラクターに扮装した俳優たち）

ℓ.5 ...it cost so much money that many families could not go.: so 〜 that ... は「とても〜なので…」。

Chapter 13

1. plans/ for a second entertainment and educational park to be
   フロリダに、第二の娯楽と教育のための遊園地を作る（計画を）。

2. built in Florida.// The project, Walt Disney World, opened in
   このプロジェクト、つまりディズニー・ワールドは1971年に開園

3. Florida in 1971,/ after Disney's death.//
   した　　　　　　　ディズニーの死後のことだった。

4. The man who started it all, Walt Disney, died in
   すべてを始めた男、ウォルト・ディズニーは1966年にこの世を去った。

5. 1966.// But the company he began/ continues to help people
   しかし、彼が始めた会社は　　　　　人々が、人生のさまざまな問題

6. escape the problems of life/ through its movies and entertain-
   を忘れることを助け続けている　　　　映画や遊園地を通じて。

7. ment parks.//

ℓ.1 **a second entertainment...park to be built in Florida**：to be builtは直前のparkを修飾している。「フロリダに建設予定の第二の遊園地」。なお、to be builtをbuiltに換えると、「すでに建設されている」という意味になる。次の2つの例文の意味の違いに注意。（例）a house built in Los Angeles（ロサンゼルスに（すでに）建てられた家）; a house to be built in Los Angeles（ロサンゼルスに建設予定の家）

ℓ.5 **...help people escape the problems of life...**：＝ ...help people *to* escape the problems of life...；アメリカ英語では、help+O+to ～「Oが～することを助ける」のtoを省略することが多い。

ディズニーの造った地上の楽園

Chapter 13

①1955年に/ ウォルト・ディズニーは遊園地を開いた/ カリフォルニア州ハリウッドから遠くないところに。// 彼はそれを「ディズニーランド」と呼んだ。// 彼はこう望んだ/ この世で最も幸福な場所であるようにと。// ディズニーランドは、ディズニー映画の想像上の場所を再現した。// また、実際の場所も再現した/ ディズニーが想像したのと同じように。// たとえば、/ あるエリアは、19世紀アメリカ西部の町のようだった。// また別のエリアは、未来の世界の姿だった。//

②ディズニーランドには、ワクワクするような乗物もあった。// 子どもは、象にのって空を飛ぶことができた。// あるいは、ティーカップに乗って回ることも（できた）。// 山に登ることも（できた）。// あるいは、ジャングルの川を漂うことも（できた）。// そしてとりわけ/ 子どもたちは、実物のミッキーマウスと会うことができた。// ミッキーなどディズニーアニメのすべてのキャラクターに扮装した俳優たちが/ 握手しながら遊園地を歩き回った。//

③一部の批評家は言った/ ディズニーランドは、巨大な金儲けの仕掛けにすぎないと。// 彼らは言った/ たくさんのお金がかかるため/ 行くことができない家族がたくさんいると。// また、彼らは言った/ ディズニーランドは、最上のアメリカ文化ではない、と。// しかし、ほとんどの来園者はここを気に入った。// お客は、それを見るためにいたるところからやってきた。// アメリカの大統領。// 他の国々の指導者。// 世界各地からの家族づれなど。//

④ディズニーランドが非常に成功したために/ ディズニーは、計画を立てた/ フロリダに、第二の娯楽と教育のための遊園地を作る（計画を）。// このプロジェクト、つまりディズニー・ワールドは1971年に開園した/ ディズニーの死後のことだった。//

⑤すべてを始めた男、ウォルト・ディズニーは1966年にこの世を去った。// しかし、彼が始めた会社は/ 人々が、人生のさまざまな問題を忘れることを助け続けている/ 映画や遊園地を通じて。//

ディズニーの造った地上の楽園

①In 1955,/ Walt Disney opened an **entertainment park**/ not far from Hollywood, California.// He called it "Disneyland."/ He wanted it/ to be the happiest place **on Earth**.// Disneyland **recreated imaginary** places from Disney movies.// It also recreated **real** places/ ... as Disney imagined them.// **For example**,/ one area looked like a 19th-century town in **the** American **West**.// Another **looked like** the world of the future.//

②Disneyland also had exciting **rides**.// Children could fly on an **elephant**.// Or **spin** in a teacup.// Or climb a mountain.// Or **float** on a jungle river.// And—**best of all**—/ children **got to** meet Mickey Mouse himself.// Actors **dressed** as Mickey and all the Disney **cartoon creatures**/ walked around the park **shaking hands**.//

③Some **critics** said/ Disneyland was just a **huge money machine**.// They said/ it **cost** so much money/ that many families could not go.// And they said/ it did not represent the best of American culture.// But most **visitors** loved it.// They came **from near and far** to see it.// Presidents of the United States.// Leaders of other countries.// And families from around the world.//

④Disneyland was so successful/ that Disney developed plans/ for a second entertainment and educational park to be built in Florida.// The project, Walt Disney World, opened in Florida in 1971,/ after Disney's death.//

⑤The man who started it all, Walt Disney, died in 1966.// But the company he began/ continues to help people escape the problems of life/ through its movies and entertainment parks.//

Chapter 14

Lie Detector
うそ発見器

1. うそ；うそをつく	líe 名 動
2. 探知器、検出器	detéctor 名
3. 設計する、計画する	desígn 動
4. 〜かどうかを示す	shów if 〜
5. 本当のことを言う	téll the trúth
6. 体の反応	bódily reáction
7. 質問する	quéstion 動
8. うそ発見器	pólygraph 名
9. 医学生、医学部の学生	médical stúdent
10. 記録する	recórd 動
11. 〜に基づいている	be básed on 〜

1. 〜ingをつけるとlyingとなる。
2. detect（見つける）＋-or（〜するもの）＝detector
3. 名 design：設計図、デザイン
4. ifは「〜かどうか」の意味で用いられることがある。whetherで言い換えられる。（例）He asked me if (=whether) I like Japanese food.（彼は、和食が好きかどうか私に尋ねた）
9. medical schoolに通って医師を目指している学生のこと。

うそ発見器

12. ストレス	**stréss** 名
13. 置く、設置する	**pláce** 動
14. ゴムチューブ	**rúbber tùbe**
15. 胸	**chést** 名
16. 胃、腹	**stómach** 名
17. 呼吸	**bréathing** 名
18. 金属板	**métal plàte**
19. 〜に結び付けられている	**(be) attáched to 〜**
20. 汗腺(かんせん)	**swéat glànd**
21. 血圧	**blóod prèssure**
22. 一連の〜	**a séries of 〜**
23. 反応する	**reáct** 動
24. 正直に	**trúthfully** 副
25. たいていは、ほとんどの場合	**móstly** 副

20. gland「腺（せん）」とは「ホルモン・汗・唾液などの液体を分泌する器官」のこと。「リンパ腺」はlymph glandという。
23. 名 reaction：反応
24. truth(真実)＋-ful(〜に満ちた)＋-ly(副詞をつくる語尾)＝truthfully

Chapter 14

26.	警察、法執行機関	**láw enfòrcement àgency**
27.	議論、討論	**debáte** 名
28.	侵害する；違反する	**víolate** 動
29.	私生活	**prívacy** 名
30.	協会、団体	**associátion** 名
31.	認める	**admít** 動
32.	結果	**resúlt** 名
33.	証拠	**évidence** 名
34.	法廷、裁判所	**cóurt** 名
35.	禁止する	**bán** 動

28. 名 violation：違反、侵害
31. 名 admission：入場許可、承認

うそ発見器

A **lie**⁽¹⁾ **detector**⁽²⁾ is a machine/ that is **designed**⁽³⁾ to **show**/ **if**⁽⁴⁾ a person is **telling the truth**⁽⁵⁾ or not.// It does this by measuring a person's **bodily reactions**⁽⁶⁾ / while being **questioned**⁽⁷⁾.//

It is also known as a **polygraph**⁽⁸⁾.// American **medical student**⁽⁹⁾ John Larson/ invented the polygraph machine in 1921.// "Polygraph" means many writings.// The name was chosen/ because the machine **records**⁽¹⁰⁾ many body reactions/ while a person answers questions.//

The machine **is based on**⁽¹¹⁾ the idea/ that **stress**⁽¹²⁾ produces changes in the body/ when a person does not tell

---

ℓ.3 ...while being questioned. : =while *he is* being questioned.（その人が質問されている間）。なお、be動詞＋being＋過去分詞は、進行形（be動詞＋～ing）と受動態（be動詞＋過去分詞）が合体した形。「～されつつある、～されている」。

ℓ.5 It is also known as a polygraph. :「ポリグラフとしても知られている」が直訳。

ℓ.7 The name was chosen... : chooseの活用は、choose-chose-chosen

ℓ.10 ...the idea that stress produces changes in the body... : このthatは同格を表す。「～という」。「ストレスが身体の変化を引き起こすという考え」。（例）Columbus did not change his belief that the world was round.（コロンブスは、地球は丸いという考えを変えなかった）

Chapter 14

1 the truth.//

2　　　　　　Taking a lie detector test involves/ **placing**⁽¹³⁾ several

3 devices/ on different areas of a person's body.// **Rubber**

4 **tubes**⁽¹⁴⁾ on the **chest**⁽¹⁵⁾ and **stomach**⁽¹⁶⁾ record **breathing**⁽¹⁷⁾.//

5 Two small **metal plates**⁽¹⁸⁾ **attached to**⁽¹⁹⁾ the fingers/ measure

6 **sweat gland**⁽²⁰⁾ activity.// A device on the arm measures

7 **blood pressure**⁽²¹⁾.// The body's reactions are recorded by

8 another device.// During a lie detector test,/ an expert first

9 asks **a series of**⁽²²⁾ questions/ that show how the person's

10 body **reacts**⁽²³⁾/ when giving true and false answers.// Then

11 the expert asks the important questions.// All this takes

ℓ.5 Two small metal plates attached to the fingers... : =Two small metal plates *which are* attached to the fingers...

ℓ.10 ...when giving true and false answers. : =...when *he gives* true and false answers. give an answerで「答える」。

about 2 hours.// Later, the expert reads the information and decides/ if the person answered the questions **truthfully**[24] or not.// Lie detectors are used in the United States/ **mostly**[25] by **law enforcement agencies**[26].// Lawyers also sometimes use them.//

There is much **debate**[27] about the use of a lie detector.// Some people believe it **violates**[28] a person's **privacy**[29].// Many people do not believe/ it really can tell if a person is lying or not.// The American Polygraph **Association**[30] says/ a trained expert can tell most times if the person has lied.// But even that organization **admits**[31] that mistakes happen.//

Chapter 14

1 Polygraph **results**⁽³²⁾ generally are not considered/ legal **evi-**
ポリグラフによる結果は一般に考えられていない　　　　　　　　　　ほとんど

2 **dence**⁽³⁵⁾ in most United States **courts**⁽³⁴⁾.// They are permitted
のアメリカの裁判所において法的な証拠とは。　　　　　　　（しかし）それが認めら

3 in some courts and in some states.// Some areas of the country
れている裁判所や州もある。　　　　　　　　　　アメリカの一部の地域では、禁止

4 have **banned**⁽³⁵⁾/ the use of lie detector tests as evidence.//
した　　　　　　　　（法的）証拠としてうそ発見器を使用することを。

5 The Supreme Court has not yet ruled/ about the use of lie
最高裁判所は、まだ判断を下していない　　　　　　　　　　アメリカの法制度にお

6 detector test results in the American legal system.//
いて、うそ発見器の結果を使用する(是非)について。

うそ発見器

1
2
3
4
5
6
7
8
9
10
11

Chapter 14

①うそ発見器とは機械だ/ 次のことがわかるように設計された（機械だ）/ 人が真実を述べているかどうかを。// うそ発見器は、人の身体の反応を測定して判断する/ 質問されているあいだ（の反応を）。//

②それは「ポリグラフ」とも呼ばれている。// アメリカの医学生ジョン・ラーソンは/ 1921年にポリグラフを発明した。//「ポリグラフ」とは多数（の現象）の記述という意味だ。// この名前が選ばれたのは/ この機械が多くの体の反応を記録するためだ/ 人が質問に答えている間に。//

③この機械は次の考えに基づいている/ ストレスが身体の変化を引き起こす/ 人が真実を述べていない場合には。//

④うそ発見器テストの実施に必要なのは/ 複数の装置をとりつけることだ/ 身体のさまざまな場所に。// 胸と腹につけたゴムチューブは呼吸を測定する。// 指に付けられた小さな2つの金属板は/ 汗腺活動を測定する。// 腕の装置は血圧を測定する。// これらの身体反応は、別の装置によって記録される。// うそ発見器によるテストの間に/ 専門家が、最初に一連の質問をする/ 人の身体がどのように反応するかを示す（質問を）/ 真実やうその答えをした場合に。// その後に専門家は、いくつかの重要な質問をする。// これらすべてに約2時間かかる。// その後、専門家は情報を読みとり判定する/ この人が質問に正直に答えたかどうかを。// うそ発見器はアメリカで使用されているが/ そのほとんどが警察によるものだ。// 弁護士もうそ発見器を使用することがある。//

⑤うそ発見器の使用について、多くの議論がある。// プライバシーの侵害と考える人もいる。// 多くの人々は、信じていない/ うそ発見器で、うそをついているかどうか、本当に確かめられるとは。// アメリカ・ポリグラフ協会によれば/ 訓練された専門家は、うそをついたかどうかを、たいていわかる（という）。// しかしこの協会でさえ、誤りもある、と認めている。// ポリグラフによる結果は一般に考えられていない/ ほとんどのアメリカの裁判所において法的な証拠とは。//（しかし）それが認められている裁判所や州もある。// アメリカの一部の地域では、禁止した/（法的）証拠としてうそ発見器を使用することを。// 最高裁判所は、まだ判断を下していない/ アメリカの法制度において、うそ発見器の結果を使用する（是非）について。//

①A **lie detector** is a machine/ that is **designed** to **show**/ **if** a person is **telling the truth** or not.// It does this by measuring a person's **bodily reactions**/ while being **questioned**.//

②It is also known as a **polygraph**.// American **medical student** John Larson/ invented the polygraph machine in 1921.// "Polygraph" means many writings.// The name was chosen/ because the machine **records** many body reactions/ while a person answers questions.//

③The machine **is based on** the idea/ that **stress** produces changes in the body/ when a person does not tell the truth.//

④Taking a lie detector test involves/ **placing** several devices/ on different areas of a person's body.// **Rubber tubes** on the **chest** and **stomach** record **breathing**.// Two small **metal plates attached to** the fingers/ measure **sweat gland** activity.// A device on the arm measures **blood pressure**.// The body's reactions are recorded by another device.// During a lie detector test,/ an expert first asks **a series of** questions/ that show how the person's body **reacts**/ when giving true and false answers.// Then the expert asks the important questions.// All this takes about 2 hours.// Later, the expert reads the information and decides/ if the person answered the questions **truthfully** or not.// Lie detectors are used in the United States/ **mostly** by **law enforcement agencies**.// Lawyers also sometimes use them.//

⑤There is much **debate** about the use of a lie detector.// Some people believe it **violates** a person's **privacy**.// Many people do not believe/ it really can tell if a person is lying or not.// The American Polygraph **Association** says/ a trained expert can tell most times if the person has lied.// But even that organization **admits** that mistakes happen.// Polygraph **results** generally are not considered/ legal **evidence** in most United States **courts**.// They are permitted in some courts and in some states.// Some areas of the country have **banned**/ the use of lie detector tests as evidence.// The Supreme Court has not yet ruled/ about the use of lie detector test results in the American legal system.//

Chapter 15

Facts and Misconceptions About Bats
コウモリにまつわる真実と誤解

1. 恐れる	**féar** 動
2. コウモリ	**bát** 名
3. 攻撃する	**attáck** 動
4. 人間の血	**húman blóod**
5. ほ乳類	**mámmal** 名
6. さまざまな種類の	**dífferent kínds of ～**
7. 重さが～である	**wéigh** 動
8. 翼、羽	**wíng** 名
9. 伸ばす、広げる	**exténd** 動
10. 隠れる；隠す	**híde** 動
11. 昼間、日中	**dùring the dáy**

5. 「両生類」「は虫類」はそれぞれ、amphibian, reptileという。
7. 名weight：重さ、重量；weightの語尾のtが取れると、動になることに注意。
9. 名extension：広げること、拡張；名extent：範囲、程度；形extensive：広範囲にわたる

コウモリにまつわる真実と誤解

12.	活動的な、活発な	áctive 形
13.	すべてが〜とは限らない（部分否定）	nót áll 〜
14.	（時間を）過ごす；（金を）使う	spénd 動
15.	地下で	ùndergróund 副
16.	洞窟、ほら穴	cáve 名
17.	休む	rést 動
18.	〜と違って	unlíke 前
19.	逆さまにぶら下がる	háng ùpside dówn
20.	（鳥が）飛び立つ	táke flíght
21.	突然、急に	súddenly 副
22.	唯一の	the ónly 〜 形
23.	構造	strúcture 名
24.	骨	bóne 名
25.	筋肉	múscle 名

18. 反 like：〜に似た
22. only は、副 は「ただ〜だけ」の意味だが、形 で「唯一の〜」という意味がある：（例）He is only a child.（彼は、まだ子供だ）；He is an only child.（彼は一人っ子だ）

Chapter 15

26. ~を探して、求めて	in one's séarch for ~
27. 誘導装置	gúidance sỳstem
28. 反響定位	ècholocátion 名
29. 動き回る	móve aróund
30. 物音、騒音	nóise 名
31. 判断する	júdge 動
32. 昆虫	ínsect 名
33. 提供する、供給する	províde 動
34. 効果的な	efféctive 形
35. 広げる、広がる	spréad 動
36. 種、種子	séed 名
37. 砂漠	désert 名
38. 花粉	póllen 名
39. カエル	fróg 名

26. 類 in search of ~ : ~を探して
28. 「反響定位」とは自らが発した音の反響により、物体の位置や距離を知ること。「エコロケーション」ともいう。
35. 活用は、spread-spread-spread
37. 発音は「**デ**ザット」。日本語の「デザート」は、dessertとつづり、「ディ**ザ**ート」と発音する。

40. 議論、討論	**discússion** 名
41. 吸血コウモリ	**vámpire bát**
42. ～を餌にする	**féed on ～**
43. 家畜	**fárm ànimal**
44. 野生動物	**wíld ánimal**
45. めったに～ない	**rárely** 副
46. かむ、かみつく	**bíte** 動
47. 犠牲者、被害者	**víctim** 名

40. 動 discuss：～について話す、論議する（=talk about）
43. 類 domestic animal：家畜
45. 類 seldom：めったに～ない
46. 活用は、bite-bit-bitten

Chapter 15

1 Many people **fear**⁽¹⁾ / the small flying animals called
2 **bats**⁽²⁾.// There are stories about bats/ **attacking**⁽³⁾ people and
3 drinking **human blood**⁽⁴⁾.// However, bats are not a threat to
4 people.// In fact, they are an important part of our environ-
5 ment.//

6 Bats are **mammals**⁽⁵⁾, just like humans.// There are
7 about 1,000 **different kinds of**⁽⁶⁾ bats in the world.// Some
8 **weigh**⁽⁷⁾ less than 10 grams.// Yet the largest bats are almost
9 2 meters long/ when their **wings**⁽⁸⁾ are **extended**⁽⁹⁾.//

10 Most people think bats are rare.// That is because
11 they **hide**⁽¹⁰⁾ **during the day**⁽¹¹⁾ / and are **active**⁽¹²⁾ only at

---

ℓ.2 ...stories about bats attacking people and drinking human blood. :「こうもりが人を攻撃し、人間の血液を吸うことについての(さまざまな)話」。ここでは、batsがattacking、drinkingという動名詞の意味上の主語になっている。(例)Tom complained of the room being too small. (トムは、部屋が狭すぎると文句を言った)

コウモリにまつわる真実と誤解

night.// However, bats can be found in almost every part of the world.//

Not all**(13)** bats spend**(14)** their days underground**(15)** in dark caves**(16)**.// Some rest**(17)** in trees or other places/ that keep them safe from attack and changes in weather.// Unlike**(18)** other animals,/ their bodies are designed to hang upside down**(19)**.// This is the best position for them/ to take flight**(20)** suddenly**(21)**.//

Bats are the only**(22)** mammals/ that can really fly.// Their wing structure**(23)**, bones**(24)** and muscles**(25)**/ help them to move quickly.// This helps bats in their search for**(26)**

ℓ.1 ...bats can be found in almost every part of the world. :「こうもりは世界のほとんどすべての地域で見つけられる」が直訳。

Chapter 15

1　food.//

2　　　　Some bats use a **guidance system**(27) called **echoloca-**
　　　　「エコロケーション」という誘導装置を用いるコウモリもいる

3　**tion**(28)/ to **move around**(29) in the dark.// The creatures pro-
　　　暗やみの中で動き回るために。　　　　　　　　　　　コウモリは、連続した

4　duce a series of **noises**(30)/ through their mouth or nose.//
　　音を出す　　　　　　　　　　　　　口か鼻を通して。

5　They can **judge**(31) their distance from an object/ by the time
　　コウモリは、ある物体からの距離を判断することができる　　　　　　音が（物体

6　it takes for the sound to return.//
　　にぶつかって）戻ってくる時間によって。

7　　　　Most bats eat **insects**(32).// Bats **provide**(33) one of the
　　　　ほとんどのコウモリは、昆虫を食べる。　　　　コウモリは、最も有効な抑制策の一

8　most **effective**(34) controls/ on insect populations.// A single,
　　つだ　　　　　　　　　　昆虫の個体数に対する（昆虫が増えないようにする）。　　　　　　一匹の

9　small, brown bat can catch/ more than 1,000 insects in just
　　小さなホオヒゲコウモリは、捕えることができる　　　たった1時間で1,000匹を超える昆虫を。

10　one hour.// Twenty million bats live in Bracken Cave/ in the
　　　　　　　　　2,000万匹のコウモリが、ブラッケン洞窟に住んでいる

11　western American state of Texas.// They eat about 200 tons
　　　アメリカ西部のテキサス州にある（洞窟に）。　　　　　彼らは、毎晩約200トンの昆虫を

ℓ.5 …the time it takes for the sound to return. : =…the time *that* it takes for the sound to return. It takes+時間+for ～ to …で「～が…するのに時間かかる」。もとの文は、it takes the time for the sound to returnだが、ここではthe timeが先行詞として前に出た形。「音が戻るのにかかる時間」。（例）It took six months for him to write the novel.（彼がその小説を書きあげるのに半年かかった）

of insects every night.//

Some bats eat fruit.// As they fly,/ they **spread**(35) **seeds**(36) through forests and **deserts**(37).// Other bats like to eat **pollen**(38) on plants.// They help to make new plants/ by spreading pollen from flower to flower.// A few bats eat meat.// They catch small **frogs**(39), birds or fish.//

No report about bats is complete/ without a **discussion**(40) of **vampire bats**(41).// Three kinds of vampire bats **feed on**(42) blood.// They live in parts of Central and South America.// These bats feed mainly on the blood/ of birds, **farm animals**(43) and **wild animals**(44).// They **rarely**(45) attack people.// The

---

ℓ.2 As they fly... : ここではasは「〜するとき、しながら」。(例)As I entered the room, my students applauded. (私が部屋に入っていくと、生徒たちは拍手してくれた)

Chapter 15

1 bats **bite**(46) their **victims**(47) and drink the blood,/ usually while
   吸血コウモリは相手に噛みつき血を吸う　　　　　　　　　　　　たいてい動物

2 the animal is sleeping.// The harm from such bites comes not
   が眠っている間に。　　　　　　　噛まれることによる害は、失われる血液の量ではない

3 from the amount of blood lost,/ but from any resulting infec-
   　　　　　　　　　　　　　　　　　　その後に生じる感染症によるものだ。

4 tion.//

ℓ.2 **The harm...comes not from...but from...**：not 〜 but ...は「〜ではなくて…」という意味の熟語的表現。「害は〜から生じるのではなく…から生じる」。

ℓ.3 **any resulting infection**：ここでは**result**は動詞として使われている。「結果として起こる」という意味。

コウモリにまつわる真実と誤解

Chapter 15

①多くの人々は恐れる/ コウモリという、空飛ぶ小さな動物のことを。// コウモリについては噂がある/ 人を襲い、人間の血液を吸うという（噂が）。// しかしコウモリは、人々の脅威ではない。// 実際、コウモリは、（人間が生活する）環境の重要な一部だ。//

②コウモリは人間と同じくほ乳類だ。// 約1,000種類のコウモリが、世界にいる。// 重さが10グラム以下のものもいる。// しかし、最大のコウモリは約2メートルの大きさになる/ 両翼を広げると。//

③ほとんどの人は、コウモリは珍しい生き物と考えている。// コウモリが日中は身を隠し、/ 夜だけ活発であるためだ。// しかし、コウモリは世界のほとんどすべての地域に生息している。//

④すべてのコウモリが、日中、地下の暗い洞穴にいるわけではない。// 木や他の場所で休息するコウモリもいる/（他の動物の）攻撃や天候の変化から安全な（場所だ）。// 他の動物とは異なり/ 体が、逆さまにぶら下がれるようにできている。// これがコウモリにとって一番いい姿勢なのだ/ 急に飛び立つために。//

⑤コウモリは唯一のほ乳類だ/ 実際に飛ぶことができる。// コウモリの翼の構造、骨格および筋肉は/ すばやく移動するのに役立つ。// これは、コウモリが食物を探すのに役立つ。//

⑥「エコロケーション」という誘導装置を用いるコウモリもいる/ 暗やみの中で動き回るために。// コウモリは、連続した音を出す/口か鼻を通して。// コウモリは、ある物体からの距離を判断することができる/ 音が（物体にぶつかって）戻ってくる時間によって。//

⑦ほとんどのコウモリは、昆虫を食べる。// コウモリは、最も有効な抑制策の一つだ/ 昆虫の個体数に対する（昆虫が増えないようにする）。// 一匹の小さなホオヒゲコウモリは、捕えることができる/ たった1時間で1,000匹を超える昆虫を。// 2,000万匹のコウモリが、ブラッケン洞窟に住んでいる/ アメリカ西部のテキサス州にある（洞窟に）。// 彼らは、毎晩約200トンの昆虫を食べる。//

⑧果物を食べるコウモリもいる。// 飛びながら/ 森林と砂漠じゅうに種子を落とす。//（植物の）花粉を好んで食べるコウモリもいる。// 彼らは、新しい植物を作る役を担っている/ 花から花へ花粉を運ぶことで。// わずかだが、肉を食べるコウモリもいる。// 彼らは小さなカエル、鳥、魚を捕らえる。//

①Many people **fear**/ the small flying animals called **bats**.// There are stories about bats/ **attacking** people and drinking **human blood**.// However, bats are not a threat to people.// In fact, they are an important part of our environment.//

②Bats are **mammals**, just like humans.// There are about 1,000 **different kinds of** bats in the world.// Some **weigh** less than 10 grams.// Yet the largest bats are almost 2 meters long/ when their **wings** are **extended**.//

③Most people think bats are rare.// That is because they **hide during the day**/ and are **active** only at night.// However, bats can be found in almost every part of the world.//

④**Not all** bats **spend** their days **underground** in dark **caves**.// Some **rest** in trees or other places/ that keep them safe from attack and changes in weather.// **Unlike** other animals,/ their bodies are designed to **hang upside down**.// This is the best position for them/ to **take flight suddenly**.//

⑤Bats are **the only** mammals/ that can really fly.// Their wing **structure**, **bones** and **muscles**/ help them to move quickly.// This helps bats **in their search for** food.//

⑥Some bats use a **guidance system** called **echolocation**/ to **move around** in the dark.// The creatures produce a series of **noises**/ through their mouth or nose.// They can **judge** their distance from an object/ by the time it takes for the sound to return.//

⑦Most bats eat **insects**.// Bats **provide** one of the most **effective** controls/ on insect populations.// A single, small, brown bat can catch/ more than 1,000 insects in just one hour.// Twenty million bats live in Bracken Cave/ in the western American state of Texas.// They eat about 200 tons of insects every night.//

⑧Some bats eat fruit.// As they fly,/ they **spread seeds** through forests and **deserts**.// Other bats like to eat **pollen** on plants.// They help to make new plants/ by spreading pollen from flower to flower.// A few bats eat meat.// They catch small **frogs**, birds or fish.//

Chapter 15

⑨コウモリに関する報告は、終われない/ 吸血コウモリを話題にしないで。// 3種類の吸血コウモリが、血液を食糧としている。// 彼らは、中南米の一部地域に住んでいる。// これらのコウモリは主として血液を食糧としている/ 鳥、家畜および野生動物の（血液を）。// 吸血コウモリは、めったに人を襲わない。// 吸血コウモリは相手に噛みつき血を吸う/ たいてい動物が眠っている間に。// 噛まれることによる害は、失われる血液の量ではない/ その後に生じる感染症によるものだ。//

⑨No report about bats is complete/ without a **discussion** of **vampire bats**.// Three kinds of vampire bats **feed on** blood.// They live in parts of Central and South America.// These bats feed mainly on the blood/ of birds, **farm animals** and **wild animals**.// They **rarely** attack people.// The bats **bite** their **victims** and drink the blood,/ usually while the animal is sleeping.// The harm from such bites comes not from the amount of blood lost,/ but from any resulting infection.//

Studies on Diet
ダイエットに関する研究

1. 近頃では	thése dáys
2. やせる、体重を減らす	lóse wéight
3. ダイエットする	díet 動
4. ほっそりした	slím 形
5. 減量プログラム	wéight-lòss prógram
6. 〜に頼る	relý on 〜
7. 運動、体操	phýsical exércise
8. 主張する	cláim 動
9. 2倍にする	dóuble 動
10. 〜と…を組み合わせる	combíne 〜 with ...
11. 忘れる	forgét 動

1. 類 recently, lately, nowadays：近頃
2. 反 gain weight, put on weight：太る
4. 類 slender, thin：やせた
6. 類 depend on 〜, count on 〜：頼る

ダイエットに関する研究

12.	～するために	in òrder to ～
13.	進歩する	máke prógress
14.	不快な	uncómfortable 形
15.	好む	fávor 動
16.	有酸素の	aeróbic 形
17.	～をやせさせる	slím ～ dówn
18.	～の形で	in the fórm of ～
19.	重いものを持ち上げる、ウェイト・トレーニングをする	líft wéights
20.	(2つのうちで)一方は～もう一方は…	óne ... the óther ～
21.	平均で	on áverage
22.	脂肪	fát 名
23.	～だけでなく…も	nót ónly ～ but (álso) ...
24.	肥満の、太りすぎの	óverwéight 形
25.	低脂肪食	lów-fát díet

14. 反 comfortable：快適な
22. 類 fat, obese：肥満の
23. 類 ...as well as～：～同様…。(例)She gave me not only food but also clothes.＝She gave me clothes as well as food.（彼女は食べ物だけでなく、衣服もくれた）

Chapter 16

26. 定期的な	**régular** 形
27. 毎日の	**dáily** 形
28. …よりも〜を選ぶ	**chóose 〜 óver …**
29. 階段	**stáirs** 名
30. エレベーター	**élevator** 名
31. 〜できる	**be áble to 〜**
32. 保つ	**maintáin** 動
33. 困難な、つらい	**tóugh** 形
34. ライフスタイルの変化	**lífestyle chánge**
35. 〜を続ける	**stíck with 〜**
36. 〜を取っておく	**sèt asíde 〜**
37. 〜を利用する	**pùt 〜 to úse**
38. 発見、研究結果	**fíndings** 名
39. いますぐに	**rìght nów**

26. 反 irregular：不規則の
32. 名 maintenance：維持、整備
35. stickのもとの意味は、「突き刺す」「くっつく」。
39. 類 at once, right away, instantly：すぐ

ダイエットに関する研究

40. 散歩に行く	**gó for a wálk**
41. コーヒー休憩	**cóffee brèak**
42. 健康な	**héalthy** 形
43. 結果として	**as a resúlt**

42. 名 health：健康

Chapter 16

These days[(1)] many people are trying to **lose weight**[(2)].//
最近は、多くの人々が体重を減らそうと努力している。

Dieting[(3)] will help,/ but there is some evidence/ that cutting
ダイエットは役に立つ　　　　　　しかし次のような証拠もある　　　　　　カロリーを

calories alone is not the best way/ to become, and stay, **slim-**
減らすことだけが最善ではない　　　　　　　　　もっとスリムになり、それを維持するた

mer[(4)].//
めには。

Studies show/ that a **weight-loss program**[(5)] that
研究によれば　　　ダイエットだけに頼った減量プログラムは

relies only **on**[(6)] dieting/ is less effective/ than a plan that
　　　　　　　　　　　　　　効果が低い　　　　　　運動を伴うやり方と

includes **physical exercise**[(7)].// One expert **claims**[(8)] / that peo-
比べると。　　　　　　　　　　　ある専門家は主張する　　　　　ダイエッ

ple who cut 250 calories through dieting/ can **double**[(9)] that
トで250キロカロリーを減らす人は　　　　　　　　　　その数字を2倍にする

number/ by **combining** it **with**[(10)] exercise and other physical
ことができる　　　　ダイエットとエクササイズなどの身体活動を組み合わせることによって。

activities.// However, **forget**[(11)] the common belief/ that you
　　　　　　　　しかし一般的な考えは忘れよう　　　　　　　　　　向上する

have to suffer **in order to**[(12)] **make progress**[(13)].// Exercise
ためには苦しまなければならないという（考えを）。　　　　　　　　　運動は、

ℓ.2 ...there is some evidence that... : このthatは同格を表す。「〜という」。（例）There is a rumor that a ghost appears in that room every night.（その部屋には、毎晩幽霊が出るといううわさがある）

ℓ.6 ...less effective than a plan... : less 〜 than ...は「…よりも〜でなく」。not as 〜 as ...「…ほど〜でない」とほぼ同じ意味。（例）This book is less expensive than that.=This book is not as expensive as that.（この本は、あの本ほど値段は高くない）

ℓ.8 250 calories : 栄養学上は、250 kilocalories（250キロカロリー）とkilo（キロ）をつけるのが普通。

ℓ.10 ...the common belief that... : このthatも同格を表す。「〜というありふれた信念」。

need not be **uncomfortable**(14).// For people who **favor**(15) an **aerobic**(16) program,/ cycling and swimming are good activities.// Dancing can also **slim** you **down**(17).//

Some researchers have suggested/ that part of the added physical activity/ should be **in the form of**(18) weight training.// Their study involved two groups of women.// Both were dieting,/ but **one** group also **lifted weights**(19)/ while **the other**(20) did not.// The women in both groups lost 13 pounds **on average**(21),/ but the weight-training women lost *only* **fat**(22).// The women who did not lift weights lost **not only** fat **but**(23) muscle.// Yet another study, however, found/

ℓ.4 part of the added physical activity:「加えられる運動の一部」が直訳。意訳をすれば「さらに運動をするのなら〜」。

Chapter 16

1 that **overweight**(24) people on **low-fat diets**(25) / who increased
   肥満した人が、低脂肪ダイエットをする場合　　　　　　　　　日常の規則正し

2 or changed their **regular**(26) **daily**(27) activities/ —by **choosing**
   い運動を増やしたり、変化させたりすると　　　　　　　　たとえば、エレ

3 the **stairs**(29) **over**(28) the **elevator**(30), for example/ —**were** bet-
   ベーターよりも階段を使うなどで　　　　　　　　　　　減量した体

4 ter **able to**(31) **maintain**(32) weight loss/ than those in a **tough**(33)
   重を維持できるケースが多かった　　　　　　　きつい運動プログラムをした人

5 physical program.// This is perhaps because **lifestyle**
   と比べて。　　　　　　　　それはおそらく、（ちょっとした）ライフスタイルの変化

6 **changes**(34) are easier to **stick with**(35) / than exercise pro-
   を続ける方が楽だからだ　　　　　　　　　　　運動プログラムよりも

7 grams/ for which you must **set aside**(36) time.//
   　　そのためにわざわざ時間を取らなければならないような。

8 　　　　　How can you **put findings**(38) **to use**(37) **right now**(39)?//
   　　　　　　　今すぐ研究結果をどのように利用したらいいのだろう。

9 There are a lot of ways to do so.// Stand up, walk, stretch...//
   実行の仕方にはたくさんの方法がある。　　　立ち上がり、歩き、ストレッチをする……。

10 These are just a few of the things you can do immediately,/
    これらは、いますぐできることのほんの一部だ

11 anywhere, and without equipment.// So **go for a walk**(40) dur-
    場所を問わず、器具も必要としないで。　　　　では、コーヒー休憩の間に散歩を

ℓ.4 those in a tough physical program : thoseは、前述のoverweight peopleの繰り返しを避けるために使われている。（例）Your food and beer are better than those(=food and beer) in that restaurant.（あなたの家の食事とビールは、あのレストランのものよりもよい）

ℓ.5 ...lifestyle changes are easier to stick with...=it is easier to stick with lifestyle changes （ライフスタイルの変化を続けるほうが楽だ）（例）He is difficult to please.=It is difficult to please him.（彼は気難しい）

ℓ.9 There are a lot of ways to do so.=There are a lot of ways to *put findings to use*.（研究結果の利用の仕方にはたくさんの方法がある）

ing your **coffee break**[41] !// You'll feel better and be **healthi-**
してみよう。　　　　　　　　　　　　　　気持ちもいいし、結果として健康にもなれる。

er[42] **as a result**[43] .//

Chapter 16

①最近は、多くの人々が体重を減らそうと努力している。// ダイエットは役に立つ/ しかし次のような証拠もある/ カロリーを減らすことだけが最善ではない/ もっとスリムになり、それを維持するためには。//

②研究によれば/ ダイエットだけに頼った減量プログラムは/ 効果が低い/ 運動を伴うやり方と比べると。// ある専門家は主張する/ ダイエットで250キロカロリーを減らす人は/ その数字を2倍にすることができる/ ダイエットとエクササイズなどの身体活動を組み合わせることによって。// しかし一般的な考えは忘れよう/ 向上するためには苦しまなければならないという（考えを）。// 運動は、不快である必要はない。// 有酸素運動（エアロビクス）が好きな人には/ サイクリングや水泳は、よい運動だ。// ダンスもあなたをスリムにしてくれる。//

③こう提案する研究者たちもいる/ 運動を追加する場合/ ウェイト・トレーニングを含むべきだと。// 彼らの研究は、2つの女性グループを使った。// 両グループともダイエットをしていた/ しかし片方のグループはウェイト・トレーニングもしたが/ もう一方はしなかった。// 両方のグループの女性は、平均で13ポンド（約6キログラム）減量した/ しかし、ウェイト・トレーニングをした女性は脂肪だけを減らした。// ウェイト・トレーニングをしなかった女性は、脂肪だけでなく筋肉もなくなった。// しかし、別の研究では次のようなことがわかった/ 肥満した人が、低脂肪ダイエットをする場合/ 日常の規則正しい運動を増やしたり、変化させたりすると/ たとえば、エレベーターよりも階段を使うなどで/ 減量した体重を維持できるケースが多かった/ きつい運動プログラムをした人と比べて。// それはおそらく、（ちょっとした）ライフスタイルの変化を続ける方が楽だからだ/ 運動プログラムよりも/ そのためにわざわざ時間を取らなければならないような。//

④今すぐ研究結果をどのように利用したらいいのだろう。// 実行の仕方にはたくさんの方法がある。// 立ち上がり、歩き、ストレッチをする……。// これらは、いますぐできることのほんの一部だ/ 場所を問わず、器具も必要としないで。// では、コーヒー休憩の間に散歩をしてみよう。// 気持ちもいいし、結果として健康にもなれる。//

ダイエットに関する研究

①**These days** many people are trying to **lose weight**.// **Dieting** will help,/ but there is some evidence/ that cutting calories alone is not the best way/ to become, and stay, **slimmer**.//

②Studies show/ that a **weight-loss program** that **relies** only **on** dieting/ is less effective/ than a plan that includes **physical exercise**.// One expert **claims**/ that people who cut 250 calories through dieting/ can **double** that number/ by **combining** it **with** exercise and other physical activities.// However, **forget** the common belief/ that you have to suffer **in order to make progress**.// Exercise need not be **uncomfortable**.// For people who **favor** an **aerobic** program,/ cycling and swimming are good activities.// Dancing can also **slim** you **down**.//

③Some researchers have suggested/ that part of the added physical activity/ should be **in the form of** weight training.// Their study involved two groups of women.// Both were dieting,/ but **one** group also **lifted weights**/ while **the other** did not.// The women in both groups lost 13 pounds **on average**,/ but the weight-training women lost *only fat*.// The women who did not lift weights lost **not only** fat **but** muscle.// Yet another study, however, found/ that **overweight** people on **low-fat diets**/ who increased or changed their **regular daily** activities/ —by **choosing** the **stairs over** the **elevator**, for example/ —**were** better **able to maintain** weight loss/ than those in a **tough** physical program.// This is perhaps because **lifestyle changes** are easier to **stick with**/ than exercise programs/ for which you must **set aside** time.//

④How can you **put findings to use right now**?// There are a lot of ways to do so.// Stand up, walk, stretch...// These are just a few of the things you can do immediately,/ anywhere, and without equipment.// So **go for a walk** during your **coffee break**!// You'll feel better and be **healthier as a result**.//

Chapter 17

Dreams
夢

1. 表現	**expréssion** 名
2. 考え	**thóught** 名
3. 出来事	**evént** 名
4. 心を通過する	**páss thròugh one's mínd**
5. 覚えている、思い出す	**remémber** 動
6. 喜び	**jóy** 名
7. 感覚	**sénse** 名
8. におい	**sméll** 名
9. 視覚、見ること	**síght** 名
10. 味覚、味	**táste** 名
11. 何度も繰り返して	**óver and óver agáin**

1. 動 express：表現する
5. 類 recall：思い出す；keep[bear] ～ in mind：～を覚えている
6. 類 delight, pleasure：喜び
11. 類 repeatedly, time and time again：繰り返し

12. 繰り返す	**repéat** 動	
13. 不快な	**unpléasant** 形	
14. 悪夢	**níghtmare** 名	
15. 怖がらせる	**fríghten** 動	
16. 目覚める	**awáken** 動	
17. ある日	**óne dày**	
18. 〜が頭に残って	**with 〜 in one's héad**	
19. 生き返る	**còme alíve**	
20. 恐ろしい怪物	**fríghtening mónster**	
21. 古代の	**áncient** 形	
22. ローマ人；ローマの	**Róman** 名 形	
23. 神々	**the góds**	
24. 軍の指導者	**mílitary léader**	
25. 戦い	**báttle** 名	

13. 反 pleasant：楽しい、愉快な
15. 類 scare, intimidate：おびえさせる
16. 「目覚める」はwake upを使うほうが普通。
25. 類 fight, combat, war, struggle：戦い、争い

26.	エジプト	**Égypt** 名
27.	説明する	**expláin** 動
28.	聖書	**Bíble** 名
29.	論評、コメント	**cómment** 名
30.	イスラム教の；イスラム教徒	**Múslim** 形 名
31.	アメリカ先住民（の）	**Nátive Américan** 形 名
32.	部族	**tríbe** 名
33.	メキシコの	**Méxican** 形
34.	文明	**civilizátion** 名
35.	ヨーロッパ	**Éurope** 名
36.	邪悪な	**évil** 形
37.	〜に…する気にさせる	**léad 〜 to ...**
38.	オーストリアの	**Áustrian** 形
39.	精神科医	**psychíatrist** 名

27. 名 explanation：説明
34. 「文化」はculture
36. 類 wicked, bad, harmful：邪悪な、害がある
39. 発音は「サイカイアトゥリスト」。類 psychologist：心理学者

40. 解釈	ìnterpretátion	名
41. 特に	espécially	副
42. …と関連がある	(be) connécted to ~	
43. 攻撃(性)	aggréssion	名
44. 隠れた意味	hídden méaning	
45. 行動する	áct	動
46. あるやり方で	in cértain wáys	
47. 行動	áction	名
48. 脳	bráin	名
49. 問題を解決する	sólve próblems	
50. 心配	wórry	名
51. 揺れ動く	swíng	動
52. ~から自由である	be frée of ~	
53. 子供時代	chíldhood	名

40. 動 interpret：解釈する；通訳する
43. 形 aggressive：攻撃的な

Chapter 17

54. 憎しみ	**hátred** 名
55. 願望、欲望	**desíre** 名
56. 親密に；綿密に	**clósely** 副
57. 解決	**solútion** 名
58. 直面する	**fáce** 動
59. 目覚めた	**awáke** 形
60. 関係	**relátion** 名
61. ～の写真を撮る	**táke píctures of ～**
62. 急速眼球運動、REM	**rápid éye mòvement**
63. あちこちに（前後に）動く	**móve báck and fórth**
64. 経験する	**gò thróugh ～**
65. 期間、時期	**périod** 名
66. まったく～ない	**nót ～ at áll**
67. 真実の、あてはまる	**trúe** 形

54. 動 hate：嫌う、憎む
55. 類 wish, aspiration, ambition：願望
56. 発音は、「クロウズリ」ではなく「クロウスリ」。
57. 動 solve：解決する
59. awakeは動詞としても使われる。（例）I awoke(=woke up) at seven this morning.（今朝は7時に目が覚めた）
64. 類 experience：経験する

Dreams are **expressions**⁽¹⁾ of **thoughts**⁽²⁾, feelings and **events**⁽³⁾ / that **pass through our mind**⁽⁴⁾ / while we are sleeping.// People dream/ about one to two hours each night.// We may have four to seven dreams in one night.// Everybody dreams.// But only some people **remember**⁽⁵⁾ their dreams.// The word "dream" comes from/ an old word in English that means "**joy**⁽⁶⁾" and "music."// We dream in color.// Our dreams often include all the **senses**⁽⁷⁾ / —**smells**⁽⁸⁾, sounds, **sights**⁽⁹⁾, **tastes**⁽¹⁰⁾ and things we touch.// Sometimes we dream the same dream **over and over again**⁽¹¹⁾.// These **repeated**⁽¹²⁾ dreams are often **unpleasant**⁽¹³⁾ / and may even be

---

ℓ.9 **things we touch**：=things *which* we touch（私たちが触れるもの）が直訳。

Chapter 17

nightmares[14], / or bad dreams that sometimes **frighten**[15] us. //

Artists, writers and scientists sometimes say / they get ideas from dreams. // For example, the singer Paul McCartney of the Beatles said / he **awakened**[16] **one day**[17] / **with** the music for the song "Yesterday" **in his head**[18]. // The writer Mary Shelley said / she had a very strong dream about a scientist / using a machine to make a creature **come alive**[19]. // When she awakened, / she began to write her book about a scientist named Frankenstein / who creates a **frightening monster**[20]. //

ℓ.1 …or bad dreams that sometimes frighten us. : orは「つまり」「すなわち」と言い換えを表す。(例) robotics, or the study of robots (ロボット工学、つまりロボットの研究)

ℓ.8 …make a creature come alive. : makeは使役動詞で「〜させる」「ある生物を生き返らせる」の意。

People have been trying to decide/ what dreams mean/ for thousands of years.// **Ancient**⁽²¹⁾ Greeks and **Romans**⁽²²⁾ believed/ dreams provided messages from **the gods**⁽²³⁾.// Sometimes people who could understand dreams/ would help **military leaders**⁽²⁴⁾ in **battle**⁽²⁵⁾.//

In ancient **Egypt**⁽²⁶⁾,/ people who could **explain**⁽²⁷⁾ dreams/ were believed to be special.// In the Christian **Bible**⁽²⁸⁾,/ there are more than 700 **comments**⁽²⁹⁾ or stories about dreams.// Stories about the birth of the **Muslim**⁽³⁰⁾ leader Mohammed/ include important events/ that were first learned in dreams/ —including the birth of Mohammed and his name.//

Chapter 17

1   In China,/ people believed that dreams were a way/
2 to visit with family members who had died.// Some **Native**
3 **American**(31) **tribes**(32) and **Mexican**(33) **civilizations**(34) believe/
4 dreams are a different world we visit when we sleep.//
5   In **Europe**(35), people believed/ that dreams were
6 **evil**(36) / and could **lead** people **to**(37) do bad things.// Two hun-
7 dred years ago,/ people awakened after 4 or 5 hours of sleep/
8 to think about their dreams or talk about them with other
9 people.// Then they returned to sleep/ for another 4 to 5
10 hours.//

11   Early in the 20th century,/ two famous scientists

ℓ.2 …to visit with family members who had died. : visit with 〜 =visit(訪問する、訪ねる)。withを取って、visitのみで使うほうが普通。

ℓ.7 …people awakened after 4 or 5 hours sleep to think about their dreams… : 直訳すれば「人は、見た夢のことを考えたりそれを他人に話すために、4、5時間眠ったあと目を覚ました」。

developed different ideas about dreams.// **Austrian**[(38)] **psychiatrist**[(39)] Sigmund Freud published a book/ called *The Interpretation*[(40)] *of Dreams*/ in 1900.// Freud believed/ people often dream/ about things they want but cannot have,/ **especially**[(41)] **connected to**[(42)] sex and **aggression**[(43)].//

For Freud, dreams were full of **hidden meaning**[(44)].// He tried to understand dreams/ as a way to understand people/ and why they **acted**[(45)] or thought **in certain ways**[(46)].// Freud believed/ that every thought and every **action**[(47)] started deep in our **brains**[(48)].// He thought dreams could be an important road/ to understanding what is happening in our

---

ℓ.2 **Sigmund Freud**：ジークムント・フロイト（1856〜1939）。オーストラリアの精神医学者。精神分析の創始者。

Chapter 17

1 brains.//

2 Freud told people what their dreams meant/ as a
3 way of helping them **solve problems**⁽⁴⁹⁾/ or understand their
4 **worries**⁽⁵⁰⁾.// For example,/ Freud said/ when people dream
5 of flying or **swinging**⁽⁵¹⁾,/ they want to **be free of**⁽⁵²⁾ their
6 **childhood**⁽⁵³⁾.// When a person dreams that a brother or sister
7 or parent has died,/ the dreamer is really hiding feelings of
8 **hatred**⁽⁵⁴⁾ for that person.// Or a **desire**⁽⁵⁵⁾ to have what the
9 other person has.//

10 Swiss psychiatrist Carl Jung worked **closely**⁽⁵⁶⁾ with
11 Freud for several years.// But he developed very different

---

ℓ.8　what the other person has : the otherは「(2つ、2人のうちで)もう一方の」。(例)Listen to the other person's point of view.（相手の見解をよく聞きなさい）

ℓ.10　Carl Jung：カール・ユング（1875〜1961）。スイスの心理学者・精神医学者。当初はフロイトの学説を熱心に支持したが、のちに決別。独自の分析心理学を創始した。

ideas about dreams.// Jung believed/ dreams could help people grow and understand themselves.// He believed/ dreams provide **solutions**⁽⁵⁷⁾ to problems we **face**⁽⁵⁸⁾/ when we are **awake**⁽⁵⁹⁾.// He also believed/ dreams tell us something about ourselves/ and our **relations**⁽⁶⁰⁾ with other people.// He did not believe/ dreams hide our feelings about sex or aggression.//

Today we know more about the science of dreaming/ because researchers can **take pictures of**⁽⁶¹⁾ people's brains/ while they are sleeping.//

In 1953, scientists discovered a special kind of sleep

Chapter 17

1. called REM,/ or **rapid eye movement**(62).// Our eyes **move**
2. **back and forth**(63) very quickly/ while they are closed.// Our
3. bodies **go through**(64) several **periods**(65) of sleep each night.//
4. REM sleep is the fourth period.// We enter REM sleep four
5. to seven times each night.// During REM sleep,/ our bodies
6. do **not** move **at all**(66).// This is the time when we dream.// If
7. people are awakened during their REM sleep,/ they will
8. remember their dreams/ almost 90 percent of the time.//
9. This is **true**(67) / even for people who say they do not dream.//

l. 4 **REM sleep is the fourth period.**: まずノンレム睡眠が、眠りの深さによって第1〜4段階まで起こる。その後徐々に眠りが浅くなってレム睡眠が現れるとする考え方が一般的。

夢

1

2

3

4

5

6

7

8

9

10

11

Chapter 17

①夢は、考え・感情・出来事の表現だ/ 心をよぎっていく/ 私たちが眠っているときに。// 人々は夢を見る/ 毎晩1、2時間くらい。// 一晩に4つから7つの夢を見ることもある。// 誰でも夢を見る。// しかし夢を覚えている人は、ほんの一部だ。//「夢」という単語は由来している/「喜び」や「音楽」を意味する英語の古い単語に。// 私たちは、色つきの夢を見る。// 夢は五感を伴うことが多い/ つまり、嗅覚（におい）、聴覚（音）、視覚、味覚、そして触覚だ。// 同じ夢を何度も何度も見ることがある。// 繰り返し見る夢は、不快なことが多く/ 悪夢であることさえある/ つまり時に私たちを脅えさせる悪い夢だ。//

②芸術家や作家、科学者はこう言うことがある/ 自分は夢から着想を得ていると。// たとえば、ビートルズのポール・マッカートニーはこう言った/ ある日目覚めると/ 頭の中に「イエスタデイ」の曲があった（響いていた）と。// 作家のメアリー・シェリーは言った/ ある科学者についての強烈な夢を見た/ 機械を使って、生物をよみがえらせる（科学者の）。// 彼女が目を覚ますと/ フランケンシュタインという名の科学者についての小説を書きはじめた/ おぞましい怪物を造りだす（科学者についての）。//

③人々は、確かめようとしてきた/ 夢の意味を/ 何千年にもわたって。// 古代ギリシア人やローマ人は信じていた/ 夢は、神々からのメッセージを運んでくる、と。// 夢（の意味）を理解できた人々が、/ 戦争で軍の指導者を助けることがある、と。//

④古代エジプトでは/ 夢（の意味）を説明できる人は/ 特別な人間と考えられた。// キリスト教の聖書には/ 夢についての700を超える言及や話がある。// イスラム教の開祖、ムハンマド（マホメット）誕生についての話には/ 重要な出来事が含まれている/（それらは）最初に夢で知らされた/ ムハンマドの誕生とその名前を含む（重要な出来事が）。//

⑤中国では/ 人々は、夢はひとつの方法だと信じていた/ 死んだ家族と会うための（方法だと）。// アメリカ先住民の部族やメキシコ文明では信じられている/ 夢は、私たちが眠るあいだに訪れる別の世界だ、と。//

⑥ヨーロッパでは、人々は信じていた/ 夢は邪悪であり/ 人に悪いことをさせる、と。// 200年前、/ 人々は4、5時間眠ったあと、目を覚まし/ 見た夢のことを考えたり、それを他の人に話したりした。// それから、再び眠りについた/ さらに4、5時間。//

①Dreams are **expressions** of **thoughts**, feelings and **events**/ that **pass through our mind**/ while we are sleeping.// People dream/ about one to two hours each night.// We may have four to seven dreams in one night.// Everybody dreams.// But only some people **remember** their dreams.// The word "dream" comes from/ an old word in English that means "**joy**" and "**music**."// We dream in color.// Our dreams often include all the **senses**/ —**smells**, sounds, **sights**, **tastes** and things we touch.// Sometimes we dream the same dream **over and over again**.// These **repeated** dreams are often **unpleasant**/ and may even be **nightmares**,/ or bad dreams that sometimes **frighten** us.//

②Artists, writers and scientists sometimes say/ they get ideas from dreams.// For example, the singer Paul McCartney of the Beatles said/ he **awakened one day**/ **with** the music for the song "Yesterday" **in his head**.// The writer Mary Shelley said/ she had a very strong dream about a scientist/ using a machine to make a creature **come alive**.// When she awakened,/ she began to write her book about a scientist named Frankenstein/ who creates a **frightening monster**.//

③People have been trying to decide/ what dreams mean/ for thousands of years.// **Ancient** Greeks and **Romans** believed/ dreams provided messages from **the gods**.// Sometimes people who could understand dreams/ would help **military leaders** in **battle**.//

④In ancient **Egypt**,/ people who could **explain** dreams/ were believed to be special.// In the Christian **Bible**,/ there are more than 700 **comments** or stories about dreams.// Stories about the birth of the **Muslim** leader Mohammed/ include important events/ that were first learned in dreams/ —including the birth of Mohammed and his name.//

⑤In China,/ people believed that dreams were a way/ to visit with family members who had died.// Some **Native American tribes** and **Mexican civilizations** believe/ dreams are a different world we visit when we sleep.//

⑥In **Europe**, people believed/ that dreams were **evil**/ and could **lead** people **to** do bad things.// Two hundred years ago,/ people awakened after 4 or 5 hours of sleep/ to think about their dreams or talk about them with other people.// Then they returned to sleep/ for another 4 to 5 hours.//

⑦20世紀のはじめ / 2人の著名な科学者が、夢についての異なる考えを作り上げた。// オーストリアの精神科医、ジークムント・フロイトはある本を出版した / (それは)『夢解釈』という本で / 1900年に (出版した)。// フロイトは信じていた / 人々はよく夢を見る / 彼らが望みながらも、手に入れられないものについて / 特に性と攻撃性に関係した (ものについて)。//

⑧フロイトにとって、夢は隠れた意味で一杯だった。// 彼は夢を理解しようとした / 人を理解するための方法として / また、なぜあるやり方で行動したり、思考したりするのかを (理解するため)。// フロイトは信じていた / すべての思考や行動は、脳の奥深くで始まる、と。// 彼は夢が大切な道になりうる、と考えた / 脳内で起きていることを理解するのに。//

⑨フロイトは、夢がどのような意味を持つかを人々に話した / 彼らの問題解決に役立てたり / 心配事を理解する (方法として)。// たとえば / フロイトは言った / 人が空を飛んだり、空中で揺れ動く夢を見た場合 / 彼らは自分の子供時代から自由になりたいのだ、と。// もし、人がきょうだいや、親が死んだ夢を見たとき / 夢を見た人は、実はその人物に対する憎しみの感情を隠している。// あるいは、相手が持っている物を手にしたいという欲望を (隠している)、と。//

⑩スイスの精神科医カール・ユングは数年にわたりフロイトと親密に仕事をした。// しかし彼は夢に関する、まったく異なった理論を考えだした。// ユングは信じていた / 夢は人が成長し、自分を理解するために役立つ、と。// 彼は信じていた / 夢は、私たちが直面している問題の解決策となる / 私たちが目覚めているときに。// 彼はまた信じていた / 夢は私たち自身のことを教えてくれる / 自分と他人との関係 (についても)。// 彼は信じなかった / (フロイトのように) 夢が性や攻撃性の感情を隠している、とは。//

⑪今日私たちは、夢の科学について、さらに多くのことを知っている / というのも、研究者は、人の脳の写真を撮ることができるからだ / 眠っている間に。//

⑫1953年に、科学者たちはREMという特殊な眠りを発見した / つまり「急速眼球運動」のことだ。// 私たちの眼球はきょろきょろと動く / まぶたは閉じたままで。// 私たちの体は毎晩、眠りの段階 (期間) を何度か経験する。// レム睡眠は4番目の段階で起こる。// 私たちは毎晩4～7回、レム睡眠に入る。// レム睡眠の間 / 私たちの体はまったく動かない。// このときに、私たちは夢を見ているのだ。// もしもレム睡眠中に起こされたとしたら / 夢を覚えているだろう / ほぼ90パーセントの確率で。// これはあてはまる / 自分は夢を見ないと言う人にとってさえも。//

⑦Early in the 20th century,/ two famous scientists developed different ideas about dreams.// **Austrian psychiatrist** Sigmund Freud published a book/ called *The **Interpretation** of Dreams*/ in 1900.// Freud believed/ people often dream/ about things they want but cannot have,/ **especially connected to** sex and **aggression**.//

⑧For Freud, dreams were full of **hidden meaning**.// He tried to understand dreams/ as a way to understand people/ and why they **acted** or thought **in certain ways**.// Freud believed/ that every thought and every **action** started deep in our **brains**.// He thought dreams could be an important road/ to understanding what is happening in our brains.//

⑨Freud told people what their dreams meant/ as a way of helping them **solve problems**/ or understand their **worries**.// For example,/ Freud said/ when people dream of flying or **swinging**,/ they want to **be free of** their **childhood**.// When a person dreams that a brother or sister or parent has died,/ the dreamer is really hiding feelings of **hatred** for that person.// Or a **desire** to have what the other person has.//

⑩Swiss psychiatrist Carl Jung worked **closely** with Freud for several years.// But he developed very different ideas about dreams.// Jung believed/ dreams could help people grow and understand themselves.// He believed/ dreams provide **solutions** to problems we **face**/ when we are **awake**.// He also believed/ dreams tell us something about ourselves/ and our **relations** with other people.// He did not believe/ dreams hide our feelings about sex or aggression.//

⑪Today we know more about the science of dreaming/ because researchers can **take pictures of** people's brains/ while they are sleeping.//

⑫In 1953, scientists discovered a special kind of sleep called REM,/ or **rapid eye movement**.// Our eyes **move back and forth** very quickly/ while they are closed.// Our bodies **go through** several **periods** of sleep each night.// REM sleep is the fourth period.// We enter REM sleep four to seven times each night.// During REM sleep,/ our bodies do **not** move **at all**.// This is the time when we dream.// If people are awakened during their REM sleep,/ they will remember their dreams/ almost 90 percent of the time.// This is **true**/ even for people who say they do not dream.//

Chapter 18

Question About Wall Street in New York
ニューヨークのウォール街

1. ウォール街	Wáll Strèet
2. 銀行業(金融)の中心地	bánking cènter
3. 金融の中心地	fináncial cénter
4. 同じように	in the sáme wáy
5. 政治の中心地	góvernment cènter
6. ニューヨーク証券取引所	Nèw Yórk Stóck Exchànge
7. 国際銀行	ìnternátional bánk
8. 投資会社	invéstment còmpany
9. ビジネスの取り引きをする	màke búsiness dèals
10. 知る、調べる	fínd óut
11. ヨーロッパの	Európean 形

12. 探検	explorátion	名
13. 探検家	explórer	名
14. オランダの；オランダ人	Dútch	形 名
15. 貿易会社	tráding còmpany	
16. 下流の；低い方の	lówer	形
17. 島	ísland	名
18. 貿易業者、商人	tráder	名
19. ～の端に	at the énd of ～	
20. 支配する	contról	動
21. 戦争を始める	gò to wár	
22. 総督；知事	góvernor	名
23. 入植者、移住者	séttler	名
24. 命令する	órder	動
25. 防護壁	protéctive wáll	

12. 動 explore：探検する
14. 「オランダ」という国名は、Holland, the Netherlands
16. 反 upper：上の方、上流の
18. 動 trade：取引をする、貿易をする
22. 通常は「知事」の意味で使われるが、昔の植民地のgovernorは、日本語では「総督」という。
23. 動 settle：定住する、移住する

Chapter 18

26. 端	édge	名
27. 小道	páth	名
28. 〜の脇に	besíde	前
29. 企業、商店	búsinesses	名
30. 〜で知られる	be knówn for 〜	
31. 大通り、並木道	ávenue	名
32. 広告する	ádvertise	動
33. 衣類	clóthing	名
34. 高価な	cóstly	形
35. 宝石類、(貴金属の)アクセサリー	jéwelry	名

29. businessにaがついたり、-esをつけると、「商取引をする具体的な組織」=「会社、店」の意味になることに注意。(例) My father owns a business in Hawaii. (父はハワイに店(会社)を持っています)
32. 名 advertisement：広告
33. 類 clothes：衣服
34. 類 expensive：値段が高い
35. 個々の宝石は、jewelという。

ニューヨークのウォール街

Wall Street[(1)] is the **banking center**[(2)] of New York.//
ウォールストリートは、ニューヨークの金融の中心地だ

But it is also much more.// The business done on Wall
しかし、それだけではない。　　　　　　　ウォールストリートで行われる取引により

Street/ makes New York City the **financial center**[(3)] of the
ニューヨーク市はアメリカの金融の中心地となっている。

United States,/ **in the same way**[(4)] that Washington, D.C. is
ワシントンDCが（アメリカの）政治の中心地であるのと同じように。

the **government center**[(5)].// People around the world think of
　　　　　　　　　　　　　　　世界中の人々が、権力とビッグビジネスのことを

power and big business/ when they think of Wall Street.//
考える　　　　　　　　　　　　　ウォールストリートについて考えるとき。

That is because people who work there/ deal with huge
その理由はそこで働く人々が　　　　　　　　　　毎日、巨額の金を

amounts of money every day.// They work/ at the **New**
扱うからだ。　　　　　　　　　彼らが勤務するのは　　　ニューヨー

York Stock Exchange[(6)], **international banks**[(7)] and large
ク証券取引所や国際銀行、大手の投資会社だ。

investment companies[(8)].// They **make business deals**[(9)]/ that
　　　　　　　　　　　　　　　彼らはビジネスの取り引きをする

affect millions of people.// How did Wall Street get its
何百万もの人に影響を与えるような。　　ウォールストリートという名前はどうしてつけられた

ℓ.2 The business...makes New York City the financial center of the United States... : make＋O＋Cは「OをCにする」。「その取引が、ニューヨーク市をアメリカの金融の中心地としている」が直訳。

ℓ.8 the New York Stock Exchange : ニューヨーク証券取引所は1792年に設立。アメリカで最も歴史が古く、また世界最大の証券取引所。ロンドン、東京とともに世界3大証券取引所に数えられる。

Chapter 18

1 name?// To **find out**⁽¹⁰⁾,/ we must go back to the early years/
2 of **European**⁽¹¹⁾ **exploration**⁽¹²⁾ in North America.// New York
3 City was first called New Amsterdam/ by the **explorer**⁽¹³⁾
4 Henry Hudson.// He was working for a **Dutch**⁽¹⁴⁾ trading com-
5 **pany**⁽¹⁵⁾/ when he entered what is now the **lower**⁽¹⁶⁾ Hudson
6 River area/ in 1609.// There, he found an **island**⁽¹⁷⁾ that was a
7 perfect trading harbor.// The Manhattan Indians lived there.//
8 Dutch **traders**⁽¹⁸⁾ built a town **at the end of**⁽¹⁹⁾ Manhattan
9 Island.// It became a rich trading center.// But the British
10 questioned/ the right of the Dutch to **control**⁽²⁰⁾ the area.//
11 The two nations **went to war**⁽²¹⁾ in 1652.// The gov-

ℓ.3 New Amsterdam：オランダの植民地であったときは、オランダの首都Amsterdamの名前をとり「ニューアムステルダム」と称した。1664年にイギリス領になり、「ニューヨーク」と改称。

ℓ.5 what is now the lower Hudson River area：whatは関係代名詞で「こと、もの」。直訳すれば、「現在、ハドソン川下流域となっているところ」。(例)I visited what used to be my house. (かつて私の家があった場所を訪れた)

ℓ.9 the British..., the Dutch...：国籍を表す形容詞にtheをつけると、国民全体を表す。(例)The Japanese are a diligent people. (日本人は勤勉な国民だ)

ニューヨークのウォール街

ernor⁽²²⁾ of New Amsterdam was Peter Stuyvesant.// He wor-
ried/ that British **settlers**⁽²³⁾ in New England would attack his town.// He **ordered**⁽²⁴⁾/ that a **protective wall**⁽²⁵⁾ be built at the north **edge**⁽²⁶⁾ of Manhattan.// The wall was more than 700 meters long.// It extended from the Hudson River to the East River.// The British never attacked New Amsterdam.// So the wall was never tested in war.// But the **path**⁽²⁷⁾ **beside**⁽²⁸⁾ it became known as Wall Street.// Later, Wall Street became a street of banks and **businesses**⁽²⁹⁾.//

　　　Today, other streets in New York **are known for**⁽³⁰⁾ one product or industry.// Madison **Avenue**⁽³¹⁾ is the **advertis-**

ℓ.3 ...a protective wall be built at the north edge of Manhattan：order, suggest, proposeなど提案・要求を表す**that**節の中では、通例動詞の原形が用いられる。（例）He ordered that the car be removed within seven days.（彼はその車を7日以内に撤去するように命じた）

Chapter 18

1. **ing**(32) center.// Eighth Avenue businesses make **clothing**(33).//
   8番街の会社は、衣類を生産している。

2. Fifth Avenue stores sell **costly**(34) clothes and **jewelry**(35).//
   5番街の店では、高価な衣服や宝石類を販売している。

3. And Broadway is the street of famous theaters.//
   ブロードウェイは有名な劇場が集まる通りだ。

ニューヨークのウォール街

1
2
3
4
5
6
7
8
9
10
11

Chapter 18

①ウォールストリートは、ニューヨークの金融の中心地だ。// しかし、それだけではない。// ウォールストリートで行われる取引により/ ニューヨーク市はアメリカの金融の中心地となっている/ ワシントンDCが(アメリカの)政治の中心地であるのと同じように。// 世界中の人々が、権力とビッグビジネスのことを考える/ ウォールストリートについて考えるとき。// その理由はそこで働く人々が/ 毎日、巨額の金を扱うからだ。// 彼らが勤務するのは/ ニューヨーク証券取引所や国際銀行、大手の投資会社だ。// 彼らはビジネスの取り引きをする/ 何百万もの人に影響を与えるような。// ウォールストリートという名前はどうしてつけられたのだろう。// それを知るためには/ 初期の時代にさかのぼらなければならない/ 北アメリカでヨーロッパ人の探検が行われた(時代に)。// ニューヨーク市は、最初、ニューアムステルダムと呼ばれた/ 探検家ヘンリー・ハドソンによって。// 彼はオランダの貿易会社で働いているときに/ 現在のハドソン川の下流域を訪れた/ 1609年のことだった。// そこで彼は、貿易港として最適な島を発見した。// その島にはマンハッタン・インディアンたちが住んでいた。// オランダの貿易商たちは、マンハッタン島の端に町を建設した。// そこは豊かな貿易の中心地となった。// しかし、イギリス(人)は疑問を持った/ オランダ(人)がその地域を支配する権利に対して。//

②2つの国は1652年に戦争に突入した。// ニューアムステルダム総督はピーター・ストイヴェサントだった。// 彼は、心配していた/ ニューイングランドのイギリス人入植者が、町を攻撃するのでは、と。// (そこで)彼は、命じた/ マンハッタン島の北端に、防護壁を建造するように、と。// 壁は、全長700メートルを超えた。// それは、ハドソン川からイーストリバーまで及んでいた。// (結局)イギリス(人)はニューアムステルダムを攻撃しなかった。// そのため、壁が戦争中に試されることは一度もなかった。// しかしその脇にある小道は、ウォールストリートと呼ばれるようになった。// のちに、ウォールストリートは銀行と会社が立ち並ぶ通りとなった。//

③現在、ニューヨークのその他の通りは、特定の製品や産業で有名だ。// マディソン街は、(アメリカの)広告業の中心地だ。// 8番街の会社は、衣類を生産している。// 5番街の店では、高価な衣服や宝石類を販売している。// ブロードウェイは有名な劇場が集まる通りだ。//

① **Wall Street** is the **banking center** of New York.// But it is also much more. // The business done on Wall Street/ makes New York City the **financial center** of the United States,/ **in the same way** that Washington, D.C. is the **government center**.// People around the world think of power and big business/ when they think of Wall Street.// That is because people who work there/ deal with huge amounts of money every day.// They work/ at the **New York Stock Exchange**, **international banks** and large **investment companies**.// They **make business deals**/ that affect millions of people.// How did Wall Street get its name?// To **find out**,/ we must go back to the early years/ of **European exploration** in North America.// New York City was first called New Amsterdam/ by the **explorer** Henry Hudson.// He was working for a **Dutch trading company**/ when he entered what is now the **lower** Hudson River area/ in 1609.// There, he found an **island** that was a perfect trading harbor.// The Manhattan Indians lived there.// Dutch **traders** built a town **at the end of** Manhattan Island.// It became a rich trading center.// But the British questioned/ the right of the Dutch to **control** the area.//

② The two nations **went to war** in 1652.// The **governor** of New Amsterdam was Peter Stuyvesant.// He worried/ that British **settlers** in New England would attack his town.// He **ordered**/ that a **protective wall** be built at the north **edge** of Manhattan.// The wall was more than 700 meters long.// It extended from the Hudson River to the East River.// The British never attacked New Amsterdam.// So the wall was never tested in war.// But the **path beside** it became known as Wall Street.// Later, Wall Street became a street of banks and **businesses**.//

③ Today, other streets in New York **are known for** one product or industry.// Madison **Avenue** is the **advertising** center.// Eighth Avenue businesses make **clothing**.// Fifth Avenue stores sell **costly** clothes and **jewelry**.// And Broadway is the street of famous theaters.//

Chapter 19

In Cold Blood: How Truman Capote Invented the Nonfiction Novel
『冷血』創作の秘密

1. 方法	**méthod** 名
2. 革命を起こす	**revolútionize** 動
3. ジャーナリズム	**jóurnalism** 名
4. 事実	**fáct** 名
5. 報道する	**repórt** 動
6. 文体の	**stylístic** 形
7. 豊かさ	**ríchness** 名
8. 物語を話すこと	**stórytelling** 名
9. 殺人	**múrder** 名
10. 夫	**húsband** 名
11. 妻	**wífe** 名

2. 名 revolution：革命
6. 名 style：文体
7. rich（豊かな）+ -ness（名詞をつくる語尾）= richness
9. 動 で「殺す」という意味もある。（例）They murdered him and made it look like a suicide.
（彼らは彼を殺し、自殺に見せかけた）

『冷血』創作の秘密

12. (銃を)撃つ、射殺する	**shóot** 動
13. 真夜中に	**in the míddle of the níght**
14. 殺すこと、殺人	**kílling** 名
15. 捜査	**investigátion** 名
16. 警官	**políce òfficer**
17. 〜と友人になる	**becóme fríends with 〜**
18. 殺人者	**kíller** 名
19. 刑務所で	**in jáil**
20. 文学の	**líterary** 形
21. 詳細な	**détailed** 形
22. 記述	**descríption** 名
23. 〜の視点から	**from the póint òf víew of 〜**
24. 〜に巻き込まれる、関わる	**becóme invólved in 〜**
25. 道徳の	**móral** 形

12. 活用はshoot-shot-shot
15. 動 investigate：調べる、捜査する
19. 類 in prison：服役中で
20. 名 literature：文学
21. 名 detail：詳細
22. 動 describe：描写する、説明する

213

26. 葛藤；闘争	**cónflict** 名
27. 裁判	**tríal** 名
28. ～かどうかを確かめる	**sée if ～**
29. 有罪の	**gúilty** 形
30. ～を死刑にする、殺す	**pùt ～ to déath**
31. 引き裂く	**téar** 動
32. 人命	**húman lífe**
33. 義務	**dúty** 名
34. まったく新しい	**whóle néw**
35. ～の一番上に	**at the tóp of ～**
36. 職業	**proféssion** 名

29. 反 not guilty, innocent：無罪の、無実の
31. 活用は、tear-tore-torn；発音は「テア」。「ティア」と発音すると「涙」の意味になることに注意。（例）
    She talked with tears in her eyes.（彼女は目に涙を浮かべて話した）
36. 形 professional：職業上の、プロの

『冷血』創作の秘密

In the late 1950s,/ Truman Capote started developing a **method**[(1)] of writing/ that would **revolutionize**[(2)] journalism[(3)].// He wanted to combine the **facts**[(4)] of **reporting**[(5)]/ with the **stylistic**[(6)] **richness**[(7)] of **storytelling**[(8)].// He became interested/ in a short *New York Times* report/ published in November of 1959.// The report described the **murder**[(9)] of a family/ in the small town of Holcomb, Kansas.// A **husband**[(10)], **wife**[(11)] and two children had been **shot**[(12)]/ in their home **in the middle of the night**[(13)].//

Truman Capote immediately traveled to Kansas/ to learn more about the **killings**[(14)].// His childhood friend

---

ℓ.1 **Truman Capote**：トルーマン・カポーティ（1924〜84）。アメリカの小説家。主要な著作に *Breakfast at Tiffany's*『ティファニーで朝食を』(1958)、*In Cold Blood*『冷血』(1966)などがある。

ℓ.4 **the stylistic richness of storytelling**：直訳すると、「物語の文体的豊かさ」。

ℓ.7 **Holcomb, Kansas**：アメリカの地名を表記するときは、通例「都市（町、村）＋州」の語順にする。（例）Los Angeles, California（カリフォルニア州ロサンゼルス）

ℓ.8 **...two children had been shot...**：two children were shot「2人の子どもたちが射殺された」を過去完了形(had＋過去分詞)にしたと考える。新聞に記事が出る以前に殺害事件が起きていたので、過去完了形を用いている。

Chapter 19

1. Harper Lee went with him.// Together they spoke/ with
2. everyone involved in the **investigation**(15).// They met with
3. **police officers**(16) and people living in the town.// Capote even
4. **became friends with**(17) the two **killers**(18).// The writer met
5. with them many times **in jail**(19) / after they were arrested.//
6. Capote spent the next few years/ researching what
7. would become his next **literary**(20) project.// His book would
8. give/ a **detailed**(21) **description**(22) of the murders.// It would
9. explore the effects of the killing on the town.// And it would
10. even tell the story/ **from the point of view of**(23) the killers.//
11. But Capote **became involved in**(24) a **moral**(25) **conflict**(26).// He

---

ℓ.1 **Harper Lee**:ハーパー・リー(1926〜)。**Nelle Harper Lee**が正式な名前。アメリカの小説家。主要な著作に *To Kill a Mockingbird*『アラバマ物語』(1960)がある。彼女は、カポーティとは幼なじみであり、『冷血』の取材の際には助手として同行した。

ℓ.6 **Capote spent the next few years researching...**: spend+時間+〜ingで「〜するのに時間を使う」。直訳は、「カポーティは〜を調査するのに次の数年間を使った」。

could not complete his book/ until he knew its ending.// So, he had to wait until the end of the **trial**⁽²⁷⁾/ to **see if**⁽²⁸⁾ both killers were found **guilty**⁽²⁹⁾ and **put to death**⁽³⁰⁾.// As a writer, he wanted to finish the story.// But as a friend, it was difficult for him/ to watch the two men die.// Capote was **torn**⁽³¹⁾/ between his duty towards **human life**⁽³²⁾ and his **duty**⁽³³⁾ to his work.//

Capote worked for six years/ to produce his book *In Cold Blood*.// It was finally published in 1966.// It immediately became an international best seller.// Truman Capote had invented a **whole new**⁽³⁴⁾ kind of writing.// He called it the nonfiction novel.// He was **at the top of**⁽³⁵⁾ his **profession**⁽³⁶⁾.//

ℓ.2 ...to see if both killers were found guilty... : ここでは、ifは「〜かどうか」の意味。whetherで言い換えることもできる。（例）I asked if(=whether) she liked Japanese food.（私は、彼女が和食を好きかどうか尋ねた）

ℓ.11 He was at the top of his profession. :「彼は、彼の職業の頂点にいた」が直訳。新しいジャンル「ノンフィクション・ノベル」を開拓したカポーティは、当時、小説家として先頭を走っていたといえる。

Chapter 19

①1950年代後半/ トルーマン・カポーティは、ある執筆方法を作り上げることに着手した/ それはジャーナリズムに革命を起こすものだった。// 彼は報道の事実を組み合わせたいと思った/ 小説の豊かな文体と。// 彼が興味をもったのは/『ニューヨークタイムズ』紙の短い記事で/ 1959年11月に出版されたものだった。// その記事には、ある一家の殺人事件について書かれていた/ カンザス州ホルコムという小さな町で起きた。// 夫と妻、2人の子供たちが、銃で射殺された/ 真夜中に自宅で。//

②トルーマン・カポーティはすぐにカンザスに行った/ 殺人事件についてもっと詳しく知ろうと。// 彼の幼なじみの、ハーパー・リーも（助手として）同行した。// 2人で取材した/ 捜査に関わった人間すべてに。// 警官やその町に暮らす人々にも会った。// カポーティは、2人の殺人犯と友人関係にまでなった。// この作家は、殺人犯と刑務所で何回も面会した/ 彼らが逮捕されたあとに。//

③カポーティはさらに数年を費やし/ 次の（新たな）文学上の試みのために取材をした。// 彼の本は提供することになる/ 殺人事件の詳細な記述を。// 殺人事件が町の人々に与えた影響を調査することになる。// さらにこの事件を語ることになる/ 殺人者の視点からも。// しかしカポーティは、道徳的な葛藤に陥った。// 彼は本を完成させることができなかった/ その結末を知るまでは。// そのため、裁判が終わるまで待たなければならなかった/ 2人の殺人犯が有罪となり、死刑となるかどうかを知るために。// 作家としては、彼は作品を完成させたかった。// しかし友人としては、辛かった/ 2人の男が死刑になるのを見るのは。// カポーティは板ばさみになった（引き裂かれた）/ 人命に対する義務と、自分の作品に対する義務の間で。//

④結局、カポーティは6年間取り組んだ/『冷血』という本を作り上げるために。// この本は、1966年にようやく出版された。// すぐに国際的にベストセラーとなった。// トルーマン・カポーティはまったく新しい種類の小説を創りあげていた。// それを彼は「ノンフィクション・ノベル」と呼んだ。// カポーティは、小説家の頂点にいた。//

①In the late 1950s/ Truman Capote started developing a **method** of writing/ that would **revolutionize journalism**.// He wanted to combine the **facts** of **reporting**/ with the **stylistic richness** of **storytelling**.// He became interested/ in a short *New York Times* report/ published in November of 1959.// The report described the **murder** of a family/ in the small town of Holcomb, Kansas.// A **husband**, **wife** and two children had been **shot**/ in their home **in the middle of the night**.//

②Truman Capote immediately traveled to Kansas/ to learn more about the **killings**.// His childhood friend Harper Lee went with him.// Together they spoke/ with everyone involved in the **investigation**.// They met with **police officers** and people living in the town.// Capote even **became friends with** the two **killers**.// The writer met with them many times **in jail**/ after they were arrested.//

③Capote spent the next few years/ researching what would become his next **literary** project.// His book would give/ a **detailed description** of the murders.// It would explore the effects of the killing on the town.// And it would even tell the story/ **from the point of view of** the killers.// But Capote **became involved in** a **moral conflict**.// He could not complete his book/ until he knew its ending.// So, he had to wait until the end of the **trial**/ to **see if** both killers were found **guilty** and **put to death**.// As a writer, he wanted to finish the story.// But as a friend, it was difficult for him/ to watch the two men die.// Capote was **torn**/ between his duty towards **human life** and his **duty** to his work.//

④Capote worked for six years/ to produce his book *In Cold Blood*.// It was finally published in 1966.// It immediately became an international best seller.// Truman Capote had invented a **whole new** kind of writing.// He called it the nonfiction novel.// He was **at the top of** his **profession**.//

Chapter 20

Where Did the English Language Come From? (1)
英語の起源（1）

1. 他のどんな…よりも（多い）〜	móre 〜 than ány óther ...
2. 政治の	political 形
3. 交渉	negotiátion 名
4. 医学；薬	médicine 名
5. 条約	tréaty 名
6. 旅客	pássenger 名
7. 飛行機	áirplane 名
8. 外国語	fóreign lánguage
9. フィリピン	the Phílippines 名
10. 幼いときに	at an éarly áge
11. 公用語	offícial lánguage

1. 比較級＋than any other〜は、通常最上級で言い換えられる。（例）He is taller than any other student in the class.＝He is the tallest student in the class.（彼はクラスで一番背が高い生徒だ）
2. 名 politics：政治； 名 politician：政治家
3. 動 negotiate：交渉する
6. passenger airplaneで「旅客機」。

英語の起源(1)

12.	ブリテン(島)	**Brítain** 名
13.	意思を通じ合う	**commúnicate** 動
14.	良い例	**a góod exámple**
15.	共通語	**cómmon lánguage**
16.	時間をさかのぼる	**trável báck in tíme**
17.	南東の	**sòuthéastern** 形
18.	もはや～ではない	**nò lónger**
19.	～のように聞こえる	**sóund like ～**
20.	祖先	**áncestor** 名
21.	消える、消滅する	**disappéar** 動
22.	話し言葉	**spóken lánguage**
23.	～をあとに残す	**léave behínd ～**
24.	現代の；近代の	**módern** 形
25.	スペイン語	**Spánish** 名

12. 形 British：イギリスの
13. 名 communication：伝達、連絡
21. 反 appear：現れる
22. 「書き言葉」はwritten languageという。
25. 国家名は 名 Spain：スペイン

Chapter 20

26. イタリア語	**Itálian** 名
27. デンマーク語	**Dánish** 名
28. ノルウェー語	**Norwégian** 名
29. スウェーデン語	**Swédish** 名
30. 侵略	**invásion** 名
31. 北の	**nórthern** 形
32. 沿岸	**cóast** 名
33. 渡る、横断する	**cróss** 動
34. イギリス海峡	**the Énglish Chánnel**
35. ケルト人	**the Célts** 名
36. 戦う	**fíght** 動
37. しばらくして、やがて	**àfter a whíle**
38. 奴隷	**sláve** 名
39. 長年にわたって	**thròugh the yéars**

26. 国家名は 名 Italy：イタリア
27. 国家名は 名 Denmark：デンマーク
28. 国家名は 名 Norway：ノルウェー
29. 国家名は 名 Sweden：スウェーデン
30. 動 invade：侵略する
31. 名 north：北
36. 活用は fight-fought-fought

英語の起源(1)

40. いわゆる〜	whàt is càlled 〜
41. 生き残る	survíve 動
42. 詩	póem 名

40. 類 what we[you, they] call：いわゆる〜
41. 名 survival：生き残ること
42. 名 poet：詩人 ； 名 poetry：(集合的に)詩

Chapter 20

1 **More** people are trying to learn English/ **than any**
英語を学ぼうとしている人々は（より）多い　　　　　　　　　　　世界の

2 **other**(1) language in the world.// English is the language of
どんな言語よりも。　　　　　　　　　　英語は政治交渉の言語であり

3 **political**(2) **negotiations**(3) / and international business.// It has
　　　　　　　　　　　　　　　　国際ビジネスの（言語だ）。

4 become the international language of science and **medicine**(4).//
科学や医学の国際語にもなっている。

5 International **treaties**(5) say/ **passenger**(6) **airplane**(7) pilots
国際条約によれば　　　　　　　　　旅客機のパイロットは英語を話せなければ

6 must speak English.//
ならない。

7 English is the major **foreign language**(8) / taught in
英語は、主要な外国語で　　　　　　　　南米と

8 most schools in South America and Europe.// School children
ヨーロッパでは、ほとんどの学校で教えられている。　　　　　　　　フィリピンや日

9 in **the Philippines**(9) and Japan/ begin learning English **at an**
本の生徒たちは　　　　　　　　　　小さいときから英語学習を始める。

10 **early age**(10).// English is the **official language**(11) of more
英語は75を超える国々の公用語だ

11 than 75 countries/ including **Britain**(12), Canada, the United
それにはイギリスやカナダ、アメリカ、オーストラリア、南ア

States, Australia, and South Africa.//

In countries where many different languages are spoken,/ English is often used as an official language/ to help people **communicate**⁽¹³⁾.// India is **a good example**⁽¹⁴⁾.// English is the **common language**⁽¹⁵⁾ in this country/ where at least 24 languages are spoken by more than 1 million people.//

Where did the English language come from?// Why has it become so popular?// To answer these questions/ we must **travel back in time**⁽¹⁶⁾ about 5,000 years/ to an area north of the Black Sea in **southeastern**⁽¹⁷⁾ Europe.//

Experts say the people in that area/ spoke a lan-

ℓ.10 the Black Sea：黒海は、ヨーロッパ南東部とアジアの間にある内陸の海。硫化物を含むので水が黒く見える。ウクライナ、ロシア、グルジア、トルコ、ブルガリア、ルーマニアに囲まれている。

Chapter 20

guage called Proto-Indo-European.// That language is **no longer**[18] spoken.// Researchers do not really know/ what it **sounded like**[19].//

Yet, Proto-Indo-European is believed/ to be the **ancestor**[20] of most European languages.// These include the languages/ that became ancient Greek,/ ancient German and the ancient Latin.//

Latin **disappeared**[21] as a **spoken language**[22].// Yet it **left behind**[23] three great languages/ that became **modern**[24] **Spanish**[25], French and **Italian**[26].// Ancient German became Dutch, **Danish**[27], German, **Norwegian**[28], **Swedish**[29] / and one

---

ℓ.1 **Proto-Indo-European**：インド・ヨーロッパ祖語。印欧祖語。インド・ヨーロッパ語族に属する諸言語（英語・フランス語・ドイツ語・スペイン語・ロシア語・ギリシア語・ペルシア語・サンスクリット・ヒンディー語など）はすべて、時間をさかのぼると共通の言語から派生したと考えられている。

英語の起源(1)

of the languages that developed into English.//
(のちに) 英語に発展する言語のひとつにもなった。

The English language is a result of the **invasions**[(30)]
英語は、ブリテン島への侵略の結果できた

of the island of Britain/ over many hundreds of years.// The
何百年にもわたる(侵略の)。

invaders lived along the **northern**[(31)] **coast**[(32)] of Europe.//
侵略者たちはヨーロッパの北部沿岸地域に暮らしていた。

The first invasions were by a people called Angles/
最初の侵略はアングル人という部族によるもので

about 1,500 years ago.// The Angles were a German tribe/
それはおよそ1,500年前に起こった。 アングル人はゲルマン人の部族で

who **crossed**[(33)] the **English Channel**[(34)].// Later two more
イギリス海峡を渡ってきた。 のちに、さらに2つ

groups crossed to Britain.// They were the Saxons and the
の部族がブリテン島に渡ってきた。 サクソン人とジュート人だ。

Jutes.//

These groups found a people called **the Celts**[(34)],/
これらの部族はケルト人という民族と出会った

who had lived in Britain for many thousands of years.// The
(ケルト人は)、何千年ものあいだブリテン島に暮らしていた。

ℓ.3 **the Island of Britain**:(大)ブリテン島。イギリス諸島(the British Isles)の主島であり、イングランド(England)、スコットランド(Scotland)、ウェールズ(Wales)を含む。

ℓ.5 **a people called Angels**:a peopleやpeoplesという形で用いられると、「民族(race)」という意味になる。(例)We are a peace-loving people. (私たちは平和を愛する民族だ)

Chapter 20

1 Celts and the invaders **fought**⁽³⁶⁾.//
   ケルト人と侵略者たちは戦った。

2   **After a while**⁽³⁷⁾, most of the Celts were killed, or
              やがてケルト人のほとんどが殺戮されるか奴隷になった。

3 made **slaves**⁽³⁸⁾.// Some escaped to live in the area/ that
                        一部のケルト人はある地域に逃げ延び、   そこ

4 became Wales.// **Through the years**⁽³⁹⁾,/ the Saxons, Angles
   はのちにウェールズとなった。 長年にわたり   サクソン人、アングル人、

5 and Jutes/ mixed their different languages.// The result is
   ジュート人は   それぞれの異なる言語を混ぜ合わせた。   その結果アン

6 **what is called**⁽⁴⁰⁾ Anglo-Saxon/ or Old English.//
   グロ・サクソン語と呼ばれるものができた あるいは「古英語」(とも呼ばれる)。

7   Old English is extremely difficult to understand.//
              「古英語」は理解がきわめて難しい。

8 Only a few experts can read this earliest form of English.//
   ごくわずかの専門家しか、この最初期の英語を読むことはできない。

9   Several written works have **survived**⁽⁴¹⁾ from the
              古英語時代の著作が、いくつか残っている。

10 Old English period.// Perhaps the most famous is called
                       おそらく最も有名なのは、『ベオウルフ』と呼ばれる作

11 *Beowulf*.// It is the oldest known English **poem**⁽⁴²⁾.// Experts
   品だ。   現在知られている、最古の英詩である。

ℓ.4 **Wales**：ウェールズは、ブリテン島南西部にある地方。住民はケルト系で、ウェールズ語を使う。
ℓ.6 **Old English**：古(期)英語。700〜1150年ごろまでの英語。現代英語とはまったく異なり、文法構造などはドイツ語に近い。

英語の起源(1)

say/ it was written in Britain more than 1,000 years ago.//

The name of the person who wrote it/ is not known.//

Beowulf is the story of a great king/ who fought against monsters.// He was a good king, well liked by his people.//

Chapter 20

①英語を学ぼうとしている人々は（より）多い/ 世界のどんな言語よりも。// 英語は政治交渉の言語であり/ 国際ビジネスの（言語だ）。// 科学や医学の国際語にもなっている。// 国際条約によれば/ 旅客機のパイロットは英語を話せなければならない。//

②英語は、主要な外国語で/ 南米とヨーロッパでは、ほとんどの学校で教えられている。// フィリピンや日本の生徒たちは/ 小さいときから英語学習を始める。// 英語は75を超える国々の公用語だ/ それにはイギリスやカナダ、アメリカ、オーストラリア、南アフリカが含まれる。//

③数多くの言語が話されている国々では/ 英語は公用語として使われていることが多い/ 人々の意思疎通を手助けするために。// インドがいい例だ。// 英語はこの国では共通語だ/（インドでは）少なくとも24の言語が100万人を超える人々に話されている。//

④英語はどこからやってきたのか。// なぜ英語が一般に使われているのか。// この質問に答えるには/ およそ5,000年、時間をさかのぼり/ ヨーロッパの南東部にある黒海の北方の地域へ行かなければならない。//

⑤研究者によれば、この地域の人々は/ インド・ヨーロッパ祖語という言語を話したという。// その言語はもう話されていない（死語だ）。// 研究者にはよくわからない/ その言語がどのように発音されたか。//

⑥しかし、インド・ヨーロッパ祖語は信じられている/ 大半のヨーロッパ言語の祖先だと。// これに含まれる言語には/（のちに）古代ギリシャ語となった（言語）/ 古代ゲルマン語や古代ラテン語となった（言語がある）。//

⑦ラテン語は、話し言葉としては消滅した。// しかし、あとに3つの主要な言語を残した/ それが（のちに）現代スペイン語、フランス語、イタリア語となった。// 古代ゲルマン語はオランダ語、デンマーク語、ドイツ語、ノルウェー語、スウェーデン語となり/（のちに）英語に発展する言語のひとつにもなった。//

⑧英語は、ブリテン島への侵略の結果できた/ 何百年にもわたる（侵略の）。// 侵略者たちはヨーロッパの北部沿岸地域に暮らしていた。//

⑨最初の侵略はアングル人という部族によるもので/ それはおよそ1,500年前に起こった。// アングル人はゲルマン人の部族で/ イギリス海峡を渡ってきた。// のちに、さらに2つの部族がブリテン島に渡ってきた。// サクソン人とジュート人だ。//

⑩これらの部族はケルト人という民族と出会った/（ケルト人は）、何千年ものあいだブリテン島に暮らしていた。// ケルト人と侵略者たちは戦った。//

①**More** people are trying to learn English/ **than any other** language in the world.// English is the language of **political negotiations**/ and international business.// It has become the international language of science and **medicine**.// International **treaties** say/ **passenger airplane** pilots must speak English.//

②English is the major **foreign language**/ taught in most schools in South America and Europe.// School children in **the Philippines** and Japan/ begin learning English **at an early age**.// English is the **official language** of more than 75 countries/ including **Britain**, Canada, the United States, Australia, and South Africa.//

③In countries where many different languages are spoken,/ English is often used as an official language/ to help people **communicate**.// India is **a good example**.// English is the **common language** in this country/ where at least 24 languages are spoken by more than 1 million people.//

④Where did the English language come from?// Why has it become so popular?// To answer these questions/ we must **travel back in time** about 5,000 years/ to an area north of the Black Sea in **southeastern** Europe.//

⑤Experts say the people in that area/ spoke a language called Proto-Indo-European.// That language is **no longer** spoken.// Researchers do not really know/ what it **sounded like**.//

⑥Yet, Proto-Indo-European is believed/ to be the **ancestor** of most European languages.// These include the languages/ that became ancient Greek,/ ancient German and the ancient Latin.//

⑦Latin **disappeared** as a **spoken language**.// Yet it **left behind** three great languages/ that became **modern Spanish**, French and **Italian**.// Ancient German became Dutch, **Danish**, German, **Norwegian**, **Swedish**/ and one of the languages that developed into English.//

⑧The English language is a result of the **invasions** of the island of Britain/ over many hundreds of years.// The invaders lived along the **northern coast** of Europe.//

⑨The first invasions were by a people called Angles/ about 1,500 years ago.// The Angles were a German tribe/ who **crossed the English Channel**.// Later two more groups crossed to Britain.// They were the Saxons and the Jutes.//

⑩These groups found a people called **the Celts**,/ who had lived in Britain for many thousands of years.// The Celts and the invaders **fought**.//

⑪やがてケルト人のほとんどが殺戮されるか奴隷になった。// 一部のケルト人はある地域に逃げ延び、/ そこはのちにウェールズとなった。// 長年にわたり/ サクソン人、アングル人、ジュート人は/ それぞれの異なる言語を混ぜ合わせた。// その結果アングロ・サクソン語と呼ばれるものができた/ あるいは「古英語」（とも呼ばれる）。//

⑫「古英語」は理解がきわめて難しい。// ごくわずかの専門家しか、この最初期の英語を読むことはできない。//

⑬古英語時代の著作が、いくつか残っている。// おそらく最も有名なのは、『ベオウルフ』と呼ばれる作品だ。// 現在知られている、最古の英詩である。// 専門家は言う/ これは1,000年以上昔にブリテン島で書かれた、と。// 著者の名前は/ わからない。// 『ベオウルフ』は偉大なる王の物語だ/ 怪物と戦った（王）の。// 彼は良い王様で、民に慕われていた。//

英語の起源(1)

⑪**After a while**, most of the Celts were killed, or made **slaves**.// Some escaped to live in the area/ that became Wales.// **Through the years**,/ the Saxons, Angles and Jutes/ mixed their different languages.// The result is **what is called** Anglo-Saxon/ or Old English.//

⑫Old English is extremely difficult to understand.// Only a few experts can read this earliest form of English.//

⑬Several written works have **survived** from the Old English period.// Perhaps the most famous is called *Beowulf*. // It is the oldest known English **poem**.// Experts say/ it was written in Britain more than 1,000 years ago.// The name of the person who wrote it/ is not known.// *Beowulf* is the story of a great king/ who fought against monsters.// He was a good king, well liked by his people.//

Chapter 21

Where Did the English Language Come From? (2)
英語の起源(2)

1. はるか北、極北	**fár nórth**
2. 荒々しい、獰猛な	**fíerce** 形
3. バイキング	**Víking** 名
4. 襲う	**ráid** 動
5. デンマーク	**Dénmark** 名
6. ノルウェー	**Nórway** 名
7. 〜するつもりでいる、〜を目的とする	**lóok to 〜**
8. 交易品	**tráde gòods**
9. 価値のある	**of válue**
10. 強力な	**pówerful** 形
11. 一時的な	**témporary** 形

2. 類 ferocious：獰猛な
4. 類 attack, assault：攻撃する
9. of+抽象名詞＝形容詞。of value=valuable　（例）an issue of importance=an important issue（重要な問題）
10. power(力)+-ful(形容詞を作る語尾)=powerful

英語の起源(2)

12.	基地	**báse** 名
13.	永久の	**pérmanent** 形
14.	頭蓋骨(ずがい)	**skúll** 名
15.	はう	**cráwl** 動
16.	ノルマン人の征服	**the Nórman Cónquest**
17.	征服者	**cónqueror** 名
18.	フランス語を話す人々	**Frénch-spèaking péople**
19.	支配者	**rúler** 名
20.	教養のある	**éducated** 形
21.	結婚	**márriage** 名
22.	陪審(ばいしん)	**júry** 名
23.	議会、国会	**párliament** 名
24.	正義	**jústice** 名
25.	時が経つと	**as tíme pásses**

13. 反 temporary：一時的な
17. 動 conquer：征服する
19. rule(支配する)＋-er(〜する人) ＝ruler；rulerには「定規」という意味もあるので注意。
20. 動 educate：教育する；名 education：教育
21. 動 marry：結婚する
22. イギリスやアメリカでは、民間から選出した12名の陪審員(juror)が、裁判で有罪か無罪かの評決(verdict)を行う。この12名を集合的に「陪審」(jury)と呼ぶ。
23. 発音は「パーラメント」。

26. 支配している、優勢な形	rúling	形
27. 詩人	póet	名
28. 物語	tále	名
29. 集めること、収集	colléction	名
30. 〜を鮮明に描写する	gíve a cléar pícture of 〜	
31. 〜の時代の	of one's tíme	
32. 賢い	wíse	形
33. 勇敢な	bráve	形
34. 愚かな	stúpid	形
35. 間抜けな、愚かな	fóolish	形
36. 〜もいれば、…もいる	sóme 〜 óthers ...	
37. 意地悪な	méan	形

29. 動 collect：集める
32. 類 sensible, clever, intelligent

英語の起源(2)

The next great invasion of Britain came from the **far north**(1) / beginning about 1,100 years ago.// **Fierce**(2) people called **Vikings**(3) / **raided**(4) the coast areas of Britain.// The Vikings came from **Denmark**(5), **Norway**(6) and other northern countries.// They were **looking to**(7) capture **trade goods**(8) and slaves/ and take away anything **of value**(9).//

In some areas, the Vikings became so **powerful**(10) / they built **temporary**(11) **bases**(12).// These temporary bases sometimes became **permanent**(13).// Later, many Vikings stayed in Britain.// Many English words used today/ come from these ancient Vikings.// Words like "sky," "leg,"

ℓ.7 ...the Vikings became so powerful they built temporary bases. : もともとは ...the Vikings became so powerful *that* they built temporary bases. であり、so 〜 that...「とても〜なので…」のthatが省略されている。

Chapter 21

1. "**skull**(14)," "egg," "**crawl**(15)," "lift" and "take" are from the
2. old languages of the far northern countries.//
3. The next invasion of Britain/ took place more than
4. 900 years ago, in 1066.// History experts call this invasion **the**
5. **Norman Conquest**(16).// William the **Conqueror**(17) led it.//
6. The Normans were a **French-speaking people**(18) /
7. from Normandy in the north of France.// They became the
8. new **rulers**(19) of Britain.// These new rulers spoke only
9. French for several hundred years.// It was the most impor-
10. tant language in the world at that time.// It was the language
11. of **educated**(20) people.// But the common people of Britain still

---

ℓ.1 **the old languages of the far northern countries**：「はるか北の国々の古い言語」とは、「古ノルド語」(Old Norse)のこと。古ノルド語は、8〜14世紀に、アイスランド、スカンジナビア半島など北欧各地で話されていた。

spoke Old English.//

Old English took many words from the Norman French.// Some of these include "damage," "prison," and "**marriage**[21]."// Most English words that describe law and government/ come from Norman French.// Words such as "**jury**[22]," "**parliament**[23]," and "**justice**[24]."// The French language used by the Norman rulers/ greatly changed the way English was spoken/ by 800 years ago.// English became what language experts call Middle English.// **As time passed**[25],/ the **ruling**[26] Normans no longer spoke true French.// Their language had become a mix of French and Middle English.//

l. 7 …greatly changed the way English was spoken… : the way S+Vで「~が…する方法」(例) I like the way she walks. (私は彼女の歩き方が好きだ)
l. 9 Middle English：中(期)英語。1150~1500年頃までの英語。1500年頃以降の英語は Modern Englishという。

Chapter 21

1. Middle English sounds like modern English.// But it
2. is very difficult to understand now.// Many written works
3. from this period have survived.// Perhaps the most famous
4. was written by Geoffrey Chaucer,/ a **poet**[27] who lived in
5. London and died there in 1400.// Chaucer's most famous work
6. is *The Canterbury Tales*[28],/ written more than 600 years ago.//
7. *The Canterbury Tales* is a **collection**[29] of poems/
8. about different people traveling to the town of Canterbury.//
9. English language experts say/ Geoffrey Chaucer was the first
10. important writer to use the English language.// They also
11. agree/ that Chaucer's great Middle English poem/ **gives** us a

---

l.8 different people traveling to the town of Canterbury : =different people *who travel* to the town of Canterbury

clear picture of[30] the people **of his time**[31].//
の人々を鮮やかに描いている、と。

　　　Some of the people described in *The Canterbury*
『カンタベリー物語』で描かれた人の中には、

Tales/ are **wise**[32] and **brave**[33] ;/ some are **stupid**[34] and **fool-**
　　　　　賢くて勇敢な人もいるし　　　　　　　　愚かで間抜けな者もいる。

ish[35].// Some believe they are extremely important.// Some
　　　　　　自分はとても偉い人間だと信じる人もいる。

are very nice, **others**[36] are **mean**[37].// But they all still seem
とても親切な人もいれば、意地悪な人もいる。　　　　　それでも彼らは皆、実在の人物の

real.//
ようだ。

Chapter 21

①ブリテン島への次の大規模な侵略は、はるか北からやってきた/ それは約1,100年前に始まった。// バイキングと呼ばれる荒々しい人々が/ ブリテン島の沿岸地域を襲った。// バイキングはデンマークやノルウェーなど、北方の国々からやってきた。// 彼らは交易品や奴隷を手に入れるのが目的だった/ そして価値のあるものはすべて持ち去るつもりだった。//

②ある地域ではバイキングは非常に力を得て/ 一時的な基地を建設した。// これらの一時的な基地が、恒久的な基地になることもあった。// のちに多くのバイキングたちがブリテン島に残った。// 現在、使われている英単語の多くは/ これら古代のバイキングに由来している。//「空」「足」「頭蓋骨」「卵」「はう」「持ち上げる」「取る」などの単語は/ このはるか北の国々の古い言語(=古ノルド語)に由来する。//

③次のブリテン島への侵略は/ 今から900年以上前、1066年に起こった。// 歴史の専門家はこの侵略を「ノルマン人の征服」と呼ぶ。// 征服王ウィリアム(=ノルマンディー公ウィリアム)がこれを率いた。//

④ノルマン人はフランス語を話す人々で/ フランス北部のノルマンディー地方からやってきた。// 彼らがブリテン島の新しい支配者となった。// この新しい支配者は数百年間、フランス語だけを話した。// 当時フランス語は、世界で最も重要な言語だった。// それは、教養ある人々(上流階級)の言語だった。// しかしブリテン島の庶民は、まだ古英語を話していた。//

⑤古英語には、ノルマン・フランス語から多くの単語が流入した。// それには「損害」「刑務所」「結婚」などの単語が含まれる。// 法律や政府に関する英単語の大半が/ ノルマン・フランス語に由来している。//「陪審」「議会」「正義」などの単語だ。// ノルマン人の支配者が使ったフランス語は/ 英語の話し方(話される英語)を大きく変えた/ 今から800年前までに。// 英語は、言語研究者が「中英語」と呼ぶものになった。// 時が過ぎ/ 支配者のノルマン人は本当のフランス語を話さなくなった。// 彼らの言語は、フランス語と「中英語」をミックスしたものになっていた。//

⑥「中英語」は現代英語の音に似ている。// しかし現在、理解するのはとても困難だ。//この時期の著作の多くが残っている。// おそらく最も有名な作品はジェフリー・チョーサーの書いたものだろう/ (彼は)詩人でロンドンに住み、1400年にこの世を去った。// チョーサーの最も有名な作品は『カンタベリー物語』で/ 今から600年以上前に書かれた。//

⑦『カンタベリー物語』は韻文(=詩)を集めたものだ/ カンタベリーの町へと旅するさまざまな人々についての。// 英語の専門家によると/ ジェフリー・チョーサーは英語を使用した最初の重要な作家だった。// また専門家は意見が一致する/ チョーサーの偉大な中英語の詩は、/ 彼の時代の人々を鮮やかに描いている、と。//

①The next great invasion of Britain came from the **far north**/ beginning about 1,100 years ago.// **Fierce** people called **Vikings**/ **raided** the coast areas of Britain.// The Vikings came from **Denmark**, **Norway** and other northern countries.// They were **looking to** capture **trade goods** and slaves/ and take away anything **of value**.//

②In some areas, the Vikings became so **powerful**/ they built temporary bases.// These **temporary bases** sometimes became **permanent**.// Later, many Vikings stayed in Britain.// Many English words used today/ come from these ancient Vikings.// Words like "sky," "leg," "**skull**," "egg," "**crawl**," "lift" and "take"/ are from the old languages of the far northern countries.//

③The next invasion of Britain/ took place more than 900 years ago, in 1066.// History experts call this invasion **the Norman Conquest**.// William the **Conqueror** led it.//

④The Normans were a **French-speaking people**/ from Normandy in the north of France.// They became the new **rulers** of Britain.// These new rulers spoke only French for several hundred years.// It was the most important language in the world at that time.// It was the language of **educated** people.// But the common people of Britain still spoke Old English.//

⑤Old English took many words from the Norman French.// Some of these include "damage," "prison," and "**marriage**."// Most English words that describe law and government/ come from Norman French.// Words such as "**jury**," "**parliament**," and "**justice**."// The French language used by the Norman rulers/ greatly changed the way English was spoken/ by 800 years ago.// English became what language experts call Middle English.// **As time passed**,/ the **ruling** Normans no longer spoke true French.// Their language had become a mix of French and Middle English.//

⑥Middle English sounds like modern English.// But it is very difficult to understand now.// Many written works from this period have survived.// Perhaps the most famous was written by Geoffrey Chaucer,/ a **poet** who lived in London and died there in 1400.// Chaucer's most famous work is *The Canterbury Tales*,/ written more than 600 years ago.//

⑦*The Canterbury Tales* is a **collection** of poems/ about different people traveling to the town of Canterbury.// English language experts say/ Geoffrey Chaucer was the first important writer to use the English language.// They also agree/ that Chaucer's great Middle English poem/ **gives** us **a clear picture of** the people **of his time**.//

⑧『カンタベリー物語』で描かれた人の中には、/ 賢くて勇敢な人もいるし/ 愚かで間抜けな者もいる。// 自分はとても偉い人間だと信じる人もいる。// とても親切な人もいれば、意地悪な人もいる。// それでも彼らは皆、実在の人物のようだ。//

⑧Some of the people described in *The Canterbury Tales*/ are **wise** and **brave**;/ some are **stupid** and **foolish**.// Some believe they are extremely important.// **Some** are very nice, **others** are **mean**.// But they all still seem real.//

Chapter 22

Shark Life: Facts About Sharks
サメの生態

1. サメ	**shárk** 名
2. 恐竜	**dínosaur** 名
3. 存在する	**exíst** 動
4. 長さが	**in léngth**
5. ジンベイザメ	**whále shàrk**
6. 骨格	**skéleton** 名
7. 軟骨	**cártilage** 名
8. 物質	**súbstance** 名
9. 液体	**líquid** 名
10. 電気の	**eléctrical** 形
11. 神経	**nérve** 名

2. 発音は「ダイナソー」。
3. 名 existence：存在
6. skeletonは、人間を指していえば「骸骨(がいこつ)」のこと。「頭蓋骨」はskull
9. 反 solid：固体
10. 名 electricity：電気

サメの生態

12. だいたい、ほとんど	jùst abòut
13. 普通でない、変わった	unúsual 形
14. ウシ、乳牛	ców 名
15. 防護の	protéctive 形
16. 子を産む、繁殖する	rèprodúce 動
17. ～を産む	gìve bírth to ～
18. 卵を産む	láy éggs
19. 残り全部	the óthers
20. 生きている	líve 形
21. 運ぶ、持って行く	cárry 動
22. ひも、綱	córd 名
23. ～を…とつなぐ	connéct ～ to …
24. 胎児(たいじ)	fétus 名
25. ～についてもっと知る	léarn móre abóut ～

13. 反 usual：いつもの
15. 動 protect：保護する；名 protection：保護
16. 名 reproduction：生殖、繁殖
19. others(他人)を知っていても、the others=the rest(残り、その他)となることを知らない人が多いので注意。（例）As for the rest(=the others), they sat down to eat and drink.（残りの人たちは、食事をするために腰掛けた）
20. 発音は「ライヴ」。類 living, alive：生きて
24. 人間の場合、受精後8週間までをembryoといい、9週以降をfetus(胎児)と呼ぶ。

Chapter 22

26. 防衛システム	**defénse sỳstem**
27. けが	**ínjury** 名
28. 〜に見える；現れる	**appéar** 動
29. （病気に）かかる	**súffer** 動
30. 〜を期待して	**in hópes of 〜**
31. 〜の方法を発見する	**fínd a wáy to 〜**

27. 動 injure：傷つける

サメの生態

Scientists say/ **sharks**[1] have lived in the world's oceans for millions of years.// Today, sharks live/ the same way they did more than 200 million years ago,/ before **dinosaurs**[2] **existed**[3] on the Earth.// Scientists say/ there are more than 350 different kinds of sharks.// For example, the dogfish shark is less than 20 centimeters **in length**[4].// The huge **whale shark**[5] more than 15 meters long.// Most sharks are about 2 meters long.//

Sharks do not have bones.// The **skeleton**[6] of a shark is made of **cartilage**[7].// Human noses and ears are made of cartilage.//

ℓ.2 the same way they did more than 200 million years ago : =the same way they *lived* more than 200 million years ago「2億年以上前にサメが生きていたのとまったく同じやり方で」が直訳。

Chapter 22

A shark has an extremely good sense of smell.// It can find small amounts of **substances**(8) in the water,/ such as blood, body **liquids**(9) and chemicals produced by animals.// Sharks also sense **electrical**(10) power/ linked to **nerves**(11) and muscles of living animals.// These powerful senses help them find their food.// Sharks eat fish, other sharks,/ and plants that live in the ocean.// Some sharks will eat **just about**(12) anything.// Many **unusual**(13) things have been found/ in the stomachs of some tiger sharks.// They include shoes, dogs, a **cow's**(14) foot and metal **protective**(15) clothing.//

Sharks grow slowly.// Many kinds of sharks are not

ℓ.3 ...and chemicals produced by animals. : =and chemicals *which are* produced by animals.（動物によって生成される化学物質）

able to **reproduce**(16) / until they are 25 years old.// Some reproduce only every two years.// And they **give birth to**(17) fewer than ten young sharks.// About 40 percent of the different kinds of sharks **lay eggs**(18).// **The others**(19) give birth to **live**(20) young.// Some sharks **carry**(21) their young inside their bodies, / with a **cord**(22) connecting the **fetus**(24) **to**(23) the mother, / like humans do.//

Scientists are beginning to understand/ the importance of sharks to humans.// Medical researchers want to **learn more**/ **about**(25) the shark's body **defense system**(26) against disease.// They know/ that sharks recover quickly

---

ℓ.1 ...until they are 25 years old：サメの平均寿命は25歳というが、100歳まで生きるものもあるという。いずれにせよ、サメの生殖（子ザメを産む）年齢はかなり遅いようだ。

ℓ.8 the importance of sharks to humans：「サメの人間に対する重要性」が直訳。Sharks are important to humans.（サメは人間にとって重要である）という文を、名詞句を使って簡潔にした表現。

Chapter 22

1 from **injuries**(27).// Sharks **appear**(28) / never to **suffer**(29) infec-
   　　　　　サメは一見思えるのだ　　　　　　　伝染病やがん、心臓病には絶対

2 tions, cancer or heart diseases.// Many people believe/ that
   かからないように。　　　　　　　　　　（そのため）多くの人々が信じている

3 shark cartilage can help prevent cancer.// Scientists have
   サメの軟骨ががんの予防に役立つ可能性があると。　　　　　　科学者はこの考え

4 questioned this idea.// Yet they still study the shark/ **in**
   には疑問をもっている。　　　　　それでも、彼らはサメを研究している

5 **hopes of**(30) **finding a way to**(31) fight human disease.//
   　　　　　人間の病気と戦う方法を見つけられると期待して。

ℓ.1 Sharks appear never to suffer... : neverは直後のto sufferを打ち消している。直訳は「サメは決して〜にかからないようだ」。

サメの生態

Chapter 22

①科学者によると/ サメは何百万年もの間、世界の海で生息している。// 今日、サメは生きている/ 2億年以上前と同じ姿で/ 恐竜が地球に存在する以前の（頃と）。// 科学者によると/ 350種以上のさまざまな種類のサメがいる。// 例えば、ツノザメは体長20センチメートルもない。// 巨大なジンベイザメは体長15メートルを超える。// 大半のサメは体長約2メートルだ。//

②サメには骨がない。// サメの骨格は、軟骨でできている。// 人間の鼻や耳も軟骨でできている。//

③サメは非常にするどい嗅覚を持っている。// サメは、水の中の少量の物質を感知することができる/ 血液、体液、動物が生成する化学物質などを。// サメはまた、電流を感知する/ 生きた動物の神経や筋肉が発する（に関係した）。// こうした鋭い感覚は、食べ物を見つけるのに役立っている。// サメの餌は、魚、他のサメ/ それに海に生きる植物（プランクトンなど）だ。// 手当たりしだいに食べるサメもいる。// 多くの変わったものが見つかっている/ イタチザメの胃の中に。// くつ、犬、ウシの足、金属製の防護服などだ。//

④サメはゆっくり成長する。// 多くの種類のサメは、生殖を行うことができない/ 25歳になるまでは。// 2年ごとしか生殖を行わないサメもいる。// そして産む子ザメの数は10匹を超えない。// さまざまな種のサメの約40パーセントは卵を産む（卵生）。// その他のサメは生きた子ザメを産む（胎生）。// 子ザメを体内に抱えるサメもいる/ へその緒で、母親と胎児がつながったまま/ まるで人間のように。//

⑤科学者は、理解し始めている/ 人間にとってサメが重要であることを。// 医学研究者はもっと知りたがっている/ サメの体の、病気に対する防衛システムについて。// 彼らは知っている/ サメは傷ついてもすぐに回復することを。// サメは一見思えるのだ/ 伝染病やがん、心臓病には絶対かからないように。// （そのため）多くの人々が信じている/ サメの軟骨ががんの予防に役立つ可能性があると。// 科学者はこの考えには疑問をもっている。// それでも、彼らはサメを研究している/ 人間の病気と戦う方法を見つけられると期待して。//

サメの生態

①Scientists say/ **sharks** have lived in the world's oceans for millions of years.// Today, sharks live/ the same way they did more than 200 million years ago,/ before **dinosaurs existed** on the Earth.// Scientists say/ there are more than 350 different kinds of sharks.// For example, the dogfish shark is less than 20 centimeters **in length**.// The huge **whale shark** more than 15 meters long.// Most sharks are about 2 meters long.//

②Sharks do not have bones.// The **skeleton** of a shark is made of **cartilage**.// Human noses and ears are made of cartilage.//

③A shark has an extremely good sense of smell.// It can find small amounts of **substances** in the water,/ such as blood, body **liquids** and chemicals produced by animals.// Sharks also sense **electrical** power/ linked to **nerves** and muscles of living animals.// These powerful senses help them find their food.// Sharks eat fish, other sharks,/ and plants that live in the ocean.// Some sharks will eat **just about** anything.// Many **unusual** things have been found/ in the stomachs of some tiger sharks.// They include shoes, dogs, a **cow's** foot and metal **protective** clothing.//

④Sharks grow slowly.// Many kinds of sharks are not able to **reproduce**/ until they are 25 years old.// Some reproduce only every two years.// And they **give birth to** fewer than ten young sharks.// About 40 percent of the different kinds of sharks **lay eggs**.// **The others** give birth to **live** young.// Some sharks **carry** their young inside their bodies,/ with a **cord connecting** the **fetus to** the mother, / like humans do.//

⑤Scientists are beginning to understand/ the importance of sharks to humans.// Medical researchers want to **learn more**/ **about** the shark's body **defense system** against disease.// They know/ that sharks recover quickly from **injuries**.// Sharks **appear**/ never to **suffer** infections, cancer or heart diseases.// Many people believe/ that shark cartilage can help prevent cancer.// Scientists have questioned this idea.// Yet they still study the shark/ **in hopes of finding a way to** fight human disease.//

Chapter 23

The Importance of Biodiversity
生物多様性の重要性

1. 生物学的に	**biológically** 副
2. 多様な	**divérse** 形
3. 多くの〜	**lóts of 〜**
4. 農業	**ágriculture** 名
5. 質の高い、高品質の	**hígh-quálity** 形
6. 〜な生活を送る	**léad a 〜 lífe**
7. 生物多様性	**bìodivérsity** 名
8. 食料安全保障	**fóod secùrity**
9. 〜に頼る	**depénd on 〜**
10. お互いに	**òne anóther**
11. 作物	**cróp** 名

1. 名 biology：生物学；形 biological：生物学の
4. 形 agricultural：農業の
7. bio-(生物)+diversity(多様性)=biodiversity
9. 類 rely on 〜, count on 〜：〜に頼る
10. 類 each other：お互いに

生物多様性の重要性

12.	ジャガイモ	**potáto** 名
13.	飢饉(ききん)	**fámine** 名
14.	アイルランド	**Íreland** 名
15.	食料資源	**fóod rèsource**
16.	壊滅させる	**rúin** 動
17.	餓死(がし)する	**díe from húnger**
18.	小麦	**whéat** 名
19.	トウモロコシ	**máize** 名
20.	支える、養う	**suppórt** 動
21.	多数の	**a lárge númber of ～**
22.	責任	**responsibílity** 名
23.	種(しゅ)	**spécies** 名
24.	考慮する、よく考える	**considér** 動
25.	汚染	**pollútion** 名

13. famineとは「食料が極端に不足した状態」のこと。
19. 類 corn：トウモロコシ
22. 形 responsible：責任がある
23. 単数・複数ともに語尾に-sをつけ、speciesとする。
25. 動 pollute：汚染する

Chapter 23

26. 粗末な、悪い	**póor** 形
27. 湿地	**wétlànd** 名
28. 世界銀行	**the Wórld Bánk**
29. 侵入する、侵略的な	**invásive** 形
30. 厳しい	**sevére** 形
31. 〜に自生している、原産の	**be nátive to 〜**
32. 土地、資産	**próperty** 名
33. 〜を失わせる、(損失)を支払わせる	**cóst** 動
34. 何十億の	**bíllions of 〜**
35. 会計年度	**fináncial yéar**
36. 記念日	**annivérsary** 名
37. 本部	**héadqùarters** 名

29. 動 invade：進入する
30. 類 serious：深刻な
37. 必ずheadquartersと語尾に-sをつける。企業の「本社」の意味でも使われる。（例）The headquarters of Matsushita is located in Osaka.（松下の本社は大阪にある）

生物多様性の重要性

An environment that is **biologically**[(1)] **diverse**[(2)] / has **lots of**[(3)] different plants and animals.// The Food and **Agriculture**[(4)] Organization says/ this is needed for people to have enough **high-quality**[(5)] food/ to **lead** active and healthy **lives**[(6)].// For World Food Day this year,/ the United Nations agency chose/ the message: "**Biodiversity**[(7)] for **Food Security**[(8)]."//

The idea of biodiversity recognizes/ that natural systems are complex and **depend on**[(9)] **one another**[(10)].//

In agriculture,/ depending on only a few **crops**[(11)] can be dangerous.// One example is the Great **Potato**[(12)] **Famine**[(13)]

ℓ.8 The idea of biodiversity... : このofは同格を表す。「〜という」。(例)the name of Smith(スミスという名前)

ℓ.10 ...depending on only a few crops can be dangerous. : この文の主語は、depending on only a few crops (わずかな種類の作物だけに頼ること)

1　in the 1840s.// **Ireland**[14] depended on potatoes as a **food**
（当時）アイルランドは、食料資源としてジャガイモに依存していた。

2　**resource**[15].// But a disease **ruined**[16] the crop for several
しかし疫病（胴枯れ病）により、ジャガイモが数年間壊滅した。

3　years.// More than one million people **died from hunger**[17].//
そのため100万人以上の人が飢死した。

4　　　Yet experts say/ the world depends on only four
それでも専門家によると　　　世界は4種類の作物にだけ頼り

5　crops/ to provide half its food energy from plants.// These
植物から摂取する食物エネルギー（炭水化物）の半分を供給している。　　その

6　are **wheat**[18], **maize**[19], rice and potato.//
作物とは、小麦とトウモロコシと米とジャガイモだ。

7　　　The experts say it is important/ to **support**[20] **a large**
専門家によると重要なのは　　　　多種多様な作物、家畜を

8　**number of**[21] different food crops and farm animals / that can
栽培・飼育していくことだ　　　　　　　　　　　　　　　　　状況

9　survive different conditions.// Such diversity helps/ to reduce
が変わっても生き残れるような。　　そのような多様性は役立つ　　主要な

10　the risk from losing one main crop.//
作物を1種類失う危険性を減らすのに

11　　　Farmers also have a **responsibility**[22] to protect wild
農場経営者にも野生の種を守る責任がある。

ℓ. 8 …that can survive different conditions. : 直訳は「さまざまな状況（環境）を切り抜けて生き残る〜」。

生物多様性の重要性

species(23).// The Food and Agriculture Organization says/ more than 40 percent of all land/ is used for agriculture.// Farm fields are an important place/ for wild animals to live and reproduce.//

　　　　Also, farmers must **consider**(24) / the effects that agriculture has on the environment.// Farm **pollution**(25) or **poor**(26) agricultural methods/ can harm **wetlands**(27), rivers and other environments/ needed to support life.//

　　　　The World Bank(28) says/ **invasive**(29) species are a **severe**(30) threat to biodiversity.// Plants and animals often spread without natural controls/ when they enter areas they

---

ℓ.3 …for wild animals to live and produce.:「野生動物が生息し繁殖するために」。for 〜 to…は「〜が…する(ために、こと、ための)」。for 〜 は不定詞の意味上の主語を示す。(例)They arranged for me to go there. (彼らは、私がそこへ行けるよう取りはからってくれた)

ℓ.5 the effects that agriculture has on the environment : have an effect on 〜 で「〜に影響を与える」。もとの文は、The agriculture has effects on the environment. (農業が環境に影響を与える)

ℓ.9 the World Bank:世界銀行は、国際復興開発銀行(the International Bank for Reconstruction and Development)の通称。第2次大戦後の各国の経済復興と開発支援のため、1944年に設立された。

Chapter 23

1　**are** not **native to**(31).// They can destroy crops, native species

2　and **property**(32).// Invasive species **cost**(33) the world econo-

3　my/ **billions of**(34) dollars each year.//

4　　　The World Bank says/ it is the world's largest sup-

5　porter of biodiversity projects.// It says its support had

6　reached almost 5 billion dollars/ by the end of the 2004 **finan-**

7　**cial year**(35).//

8　　　World Food Day is observed on October 16.// It cele-

9　brates the **anniversary**(36) of the U.N. Food and Agriculture

10　Organization,/ which has its **headquarters**(37) in Rome.// The

11　F.A.O. started in 1945 in Quebec City, Canada.//

P.261-l.9 invasive species：人為的に, 本来の生息場所から別の地域へ移され, そこで新たに増殖, 定着した生物のこと。侵入種、外来種などさまざまな呼び方がある。

生物多様性の重要性

Chapter 23

①生物学的に多様な環境には/ 多種多様な植物・動物がいる。// (国連) 食糧農業機関によると/ この環境は、人間が質の高い食料を手にするのに必要だ/ 活動的で健康的な生活を送れるだけの (質の高い食料を入手するのに)。// 今年の世界食料デーのために/ この国連機関 (=FAO) が選んだのは/「食料安全保障のための生物多様性」というメッセージだ。//

②生物多様性という考えが認めているのは/ 自然のシステムは複雑で相互に依存している、ということだ。//

③農業では/ わずかな種類の作物にだけ頼るのは危険なこともある。// ひとつの例は1840年代に起きた「ジャガイモ大飢饉」だ。// (当時) アイルランドは、食料資源としてジャガイモに依存していた。// しかし疫病 (胴枯れ病) により、ジャガイモが数年間壊滅した。// そのため100万人以上の人が飢死した。//

④それでも専門家によると/ 世界は4種類の作物にだけ頼り/ 植物から摂取する食物エネルギー (炭水化物) の半分を供給している。// その作物とは、小麦とトウモロコシと米とジャガイモだ。//

⑤専門家によると重要なのは/ 多種多様な作物、家畜を栽培・飼育していくことだ/ 状況が変わっても生き残れるような。// そのような多様性は役立つ/ 主要な作物を1種類失う危険性を減らすのに。//

⑥農場経営者にも野生の種を守る責任がある。// 食糧農業機関によれば/ すべての土地の40パーセント以上が/ 農業のために使われている。// 農地は重要な場所だ/ 野生の動物が生息し、繁殖するのに。//

⑦また農場経営者は考慮しなければならない/ 農業が環境に及ぼす影響を。// 農地汚染や劣悪な農法は/ 湿地や河川などの環境に悪影響を与えることもある/ 生物を養うのに必要な (環境に)。//

⑧世界銀行によれば/ 外来種 (侵入種) は、生物多様性への深刻な脅威だ。// 動植物は、自然の抑制 (天敵など) がないまま増殖することが多い/ それらが本来生息していない土地に入り込むと。// 外来種は、作物や自生の種や土地を破壊することがある。// 外来種は世界経済に損害を与える/ 毎年数十億ドルも。//

⑨世界銀行によると/ 世銀は、生物多様性プロジェクトの世界最大の支援団体だ。// 世銀によると、支援はすでに50億ドル近くにまで達している/ 2004年会計年度末までに。//

⑩世界食料デーは10月16日だ。// その日は、国連食糧農業機関の創立記念日を祝う/ 本部は、(イタリアの) ローマにある。/ 食糧農業機関は、カナダのケベックで1945年に創設された。//

①An environment that is **biologically diverse**/ has **lots of** different plants and animals.// The Food and **Agriculture** Organization says/ this is needed for people to have enough **high-quality** food/ to **lead** active and healthy **lives**.// For World Food Day this year,/ the United Nations agency chose/ the message: "**Biodiversity** for **Food Security**."//

②The idea of biodiversity recognizes/ that natural systems are complex and **depend on one another**.//

③In agriculture,/ depending on only a few **crops** can be dangerous.// One example is the Great **Potato Famine** in the 1840s.// **Ireland** depended on potatoes as a **food resource**.// But a disease **ruined** the crop for several years.// More than one million people **died from hunger**.//

④Yet experts say/ the world depends on only four crops/ to provide half its food energy from plants.// These are **wheat**, **maize**, rice and potato.//

⑤The experts say it is important/ to **support a large number of** different food crops and farm animals / that can survive different conditions.// Such diversity helps/ to reduce the risk from losing one main crop.//

⑥Farmers also have a **responsibility** to protect wild **species**.// The Food and Agriculture Organization says/ more than 40 percent of all land/ is used for agriculture.// Farm fields are an important place/ for wild animals to live and reproduce.//

⑦Also, farmers must **consider**/ the effects that agriculture has on the environment.// Farm **pollution** or **poor** agricultural methods/ can harm **wetlands**, rivers and other environments/ needed to support life.//

⑧**The World Bank** says/ **invasive** species are a **severe** threat to biodiversity.// Plants and animals often spread without natural controls/ when they enter areas they **are** not **native to**.// They can destroy crops, native species and **property**.// Invasive species **cost** the world economy/ **billions of** dollars each year.//

⑨The World Bank says/ it is the world's largest supporter of biodiversity projects.// It says its support had reached almost 5 billion dollars/ by the end of the 2004 **financial year**.//

⑩World Food Day is observed on October 16.// It celebrates the **anniversary** of the U.N. Food and Agriculture Organization,/ which has its **headquarters** in Rome.// The F.A.O. started in 1945 in Quebec City, Canada.//

Chapter 24

What Causes Allergies?
なぜアレルギーは起こるのか

1. アレルギー	**állergy** 名
2. 〜を探す	**lóok for 〜**
3. 説明	**explanátion** 名
4. 非難する、〜のせいにする	**bláme** 動
5. 大気汚染	**áir pollùtion**
6. 田舎、地方	**cóuntryside** 名
7. 概して、一般的に；典型的に	**týpically** 副
8. 現在は	**cúrrently** 副
9. 増加；上昇	**ríse** 名
10. いわゆる	**só-cálled** 形
11. 衛生	**hýgiene** 名

1. 形 allergic：アレルギーの。（例）I am allergic to eggs.（私は卵アレルギーです）
3. 動 explain：説明する
8. 形 current：現在の。；名 current には「流れ」という意味もある。（例）Many were carried away by the strong current of the river.（多くの人たちが、川の強い流れによって押し流された）

12. 仮説	**hypóthesis** 名	
13. ～を育てる	**bríng úp ～**	
14. ～の危険がある	**at rísk of ～**	
15. 近頃、このごろ	**nówadàys** 副	
16. 入浴する	**báthe** 動	
17. しばしば、頻繁（ひんぱん）に	**fréquently** 副	
18. ～のおかげで	**thánks to ～**	
19. 掃除機	**vácuum clèaner**	
20. ほこりっぽい	**dústy** 形	
21. ～にさらされる	**be expósed to ～**	
22.（抵抗を）強める、増やす	**búild úp**	
23. 免疫	**immúnity** 名	
24. 簡単に言えば	**símply pút**	
25. さらされること	**expósure** 名	

13. 類 raise：育てる
15. 類 these days, recently, lately：近頃、最近は
16. 動 batheは「ベイズ」と読み、名 bathは「バス」と読む。
17. 形 frequent：たびたびの；名 frequency：頻発
19. 日本語では「電気掃除機」というが、英語では「真空（＝vacuum）掃除機」という。
23. 形 immune：免疫のある
24. to put it simplyということもできる。ここで使われているputはsay（言う）の意味。

Chapter 24

26.	傾向	**trénd** 名
27.	(偶然)出会う	**encóunter** 動
28.	実際は	**in fáct**
29.	抵抗力がある、抵抗する	**resístant** 形
30.	～にあてはまる	**be trúe of ～**
31.	～を…と共有する	**sháre ～ with …**
32.	広範囲の～	**a wíde ránge of ～**
33.	遺伝的特徴	**genétics** 名
34.	収入	**íncome** 名
35.	役割を果たす、～に関わる	**play a párt in ～**
36.	注意、注目	**atténtion** 名
37.	清潔であること	**cléanliness** 名
38.	巨大な、莫大な	**enórmous** 形

29. 名 resistance：抵抗
33. 名 gene：遺伝子。「ジーン」と読む。
36. 動 attend：出席する、注意して聞く； 形 attentive：注意深い
37. cleanly(清潔好きな)+-ness(名詞をつくる語尾)=cleanliness
38. 類 huge, tremendous, vast：広大な、莫大な

なぜアレルギーは起こるのか

The past thirty to forty years have seen/ a huge increase in the number of children/ who suffer from **allergies**[1],/ and scientists are still **looking for**[2] the explanation[3].// Some have **blamed**[4] increased **air pollution**[5],/ but it has also been found/ that allergies are common/ not only among children in the city but also among children in the **countryside**[6],/ where pollution is **typically**[7] much lower.//

A **currently**[8] popular explanation for the **rise**[9] in allergies/ is the **so-called**[10] "**hygiene**[11] **hypothesis**[12]."// The basic idea is/ that young children **brought up**[13] in an environment which is too clean/ are more **at risk of**[14] developing

---

ℓ.1 The past thirty to forty years have seen... : この文の主語はthe past thirty to forty years、動詞がhave seen。直訳すると「過去30～40年は～を見た」となる。無生物主語の構文。

ℓ.4 Some have blamed increased air pollution,... : increasedは直後のair pollutionを修飾する過去分詞。「増加した大気汚染を非難する人もいる」が直訳。

ℓ.7 ...where pollution is typically much lower. : whereは関係副詞で「そこでは」の意味。直訳すると「そこ(=田舎)では、汚染は一般的にずっと低い」となる。

ℓ.10 ...young children brought up...are more at risk of developing allergies. : この文の主語はyoung children、動詞はare。brought upは直前のyoung childrenを修飾する過去分詞。「～で育てられた幼い子どもたちは、アレルギーになる可能性がより高い」。

allergies.// **Nowadays**(15), people **bathe**(16) and wash their clothes more **frequently**(17) than in the past,/ and **thanks to**(18) **vacuum cleaners**(19) homes are less **dusty**(20), too.//

One result of all these changes is/ that in their early lives children **are exposed to**(21) fewer allergens/ —substances that can cause allergies/ —and this means/ that their bodies cannot **build up**(22) natural **immunity**(23) to them.// **Simply put**(24),/ **exposure**(25) to allergy-causing substances is necessary/ for natural protection against them to develop.//

The **trend**(26) towards smaller families also means/ that young children **encounter**(27) fewer allergens in the

---

ℓ.3 ...homes are less dusty... : lessは「より少なく」「より〜ではなく」という意味。「家は(昔より)ほこりっぽくなくなっている」。
ℓ.4 ...in their early lives... : 「彼らの初期の人生において」→「幼いときに」。
ℓ.9 ...for natural protection against them to develop. : for 〜 to...は「〜が…するために(こと、ための)」という意味。for〜は不定詞の意味上の主語を示す。
ℓ.10 ...young children encounter fewer allergens in the home. : 直訳すると「幼い子どもたちは家庭で、(以前)より少ないアレルゲンに遭遇するようになっている」。

なぜアレルギーは起こるのか

home.// **In fact**(28), it is known/ that children who have older brothers and sisters are more **resistant**(29) to allergies.// The same **is true of**(30) children who share their home **with**(31) a pet.// Such children are much less likely to develop/ the very common allergy to cat or dog hair, for example.//

Scientists agree/ that being exposed to **a wider range of**(32) allergens early in life/ helps children to develop greater immunity.// There is, however, also some data suggesting/ that **genetics**(33), family **income**(34), and even the parents' level of education may **play a part**/ **in**(35) how likely a child is to suffer from allergies.// Thus, although the hygiene

- ℓ.3 children who share their home with a pet:「ペットと家を共有する子どもたち」が直訳。
- ℓ.6 ...being exposed to...helps children to develop greater immunity.: この文の主語は being exposed to（～にさらされること）、動詞は help（助ける、役に立つ）。develop greater immunity は「より大きな免疫力を発達させる」→「免疫力を高める」。
- ℓ.10 how likely a child is to suffer from allergies: もとの文は、a child is likely to suffer from allergies（子供は、アレルギーにかかりやすい）。本文では likely が how に引きずられて、how likely と結合して文の先頭に出てきた形。

Chapter 24

1. hypothesis is an important area for research,/ we cannot yet
2. be sure/ that too much **attention**(36) to **cleanliness**(37) is the
3. only explanation/ for the **enormous**(38) rise in the number of
4. allergy victims.//

なぜアレルギーは起こるのか

①過去30〜40年に見られた/ 子どもの数の急激な増加が/ アレルギーになる/ 科学者たちは、その説明をいまだに探している。// 大気汚染の増加のせいにするものいる/ しかし次のこともわかっている/ アレルギーはよく見られる/ 都市部の子どもの間だけでなく田舎の子どもたちの間にも/ （田舎では）通常、汚染はずっと少ないはずなのに。//

②このアレルギーの増加に対して、現在有力な説明は/ いわゆる「衛生仮説」だ。// 基本的な考えは/ 清潔すぎる環境で育った幼い子どもたちは/ アレルギーになる危険性が高いというものだ。// 現在では、昔よりも人々は入浴や洗濯を頻繁にする/ そして電気掃除機のおかげで家もほこりが少なくなっている。//

③こうした変化のひとつの結果として/ 幼いときに、子どもたちはあまりアレルゲンにさらされなくなっている/ （アレルゲンとは）アレルギーを引き起こす物質だが/ これが意味することは、/ 彼らの身体がアレルゲンに対する自然の免疫力を高められないということだ。// 簡単にいえば/ アレルギー原因物質に触れることは必要なのだ/ アレルギーに対する自然の保護力が発達するためには。//

④少家族化の傾向も意味している/ 子どもが家庭で触れるアレルゲンが少なくなったことを。// 実際わかっているのは/ 兄や姉のいる子どもはアレルギーに対する抵抗力が強いということだ。// 同じことが、ペットを家の中で飼っている子どもたちにもあてはまる。// そのような子どもは、ずっとかかる可能性が低い/ たとえば、ネコや犬の毛のごくありふれたアレルギーに。//

⑤科学者は意見が一致している/ 幼いときに、より広範囲のアレルゲンに触れることは/ 子どもが免疫力を高めるのに役立つと。// しかし、次のことを示唆するデータもある/ 遺伝的特徴、家庭の収入、それに両親の教育水準までもが関係しているかもしれない/ 子どもがどのくらいアレルギーになりやすいかに。// このように「衛生仮説」は重要な研究分野ではあるけれども/ まだはっきりとはいえない/ 清潔に過敏であることが、ただ1つの説明だとは/ アレルギー患者の急激な増加に対して。//

なぜアレルギーは起こるのか

①The past thirty to forty years have seen/ a huge increase in the number of children/ who suffer from **allergies**,/ and scientists are still **looking for** the **explanation**.// Some have **blamed** increased **air pollution**,/ but it has also been found/ that allergies are common/ not only among children in the city but also among children in the **countryside**,/ where pollution is **typically** much lower.//

②A **currently** popular explanation for the **rise** in allergies/ is the **so-called** "**hygiene hypothesis**."// The basic idea is/ that young children **brought up** in an environment which is too clean/ are more **at risk of** developing allergies.// **Nowadays**, people **bathe** and wash their clothes more **frequently** than in the past,/ and **thanks to vacuum cleaners** homes are less **dusty**, too.//

③One result of all these changes is/ that in their early lives children **are exposed to** fewer allergens/ —substances that can cause allergies/ —and this means/ that their bodies cannot **build up** natural **immunity** to them.// **Simply put**,/ **exposure** to allergy-causing substances is necessary/ for natural protection against them to develop.//

④The **trend** towards smaller families also means/ that young children **encounter** fewer allergens in the home.// **In fact**, it is known/ that children who have older brothers and sisters are more **resistant** to allergies.// The same **is true of** children who **share** their home **with** a pet.// Such children are much less likely to develop/ the very common allergy to cat or dog hair, for example.//

⑤Scientists agree/ that being exposed to **a wider range of** allergens early in life/ helps children to develop greater immunity.// There is, however, also some data suggesting/ that **genetics**, family **income**, and even the parents' level of education may **play a part**/ **in** how likely a child is to suffer from allergies.// Thus, although the hygiene hypothesis is an important area for research,/ we cannot yet be sure/ that too much **attention** to **cleanliness** is the only explanation/ for the **enormous** rise in the number of allergy victims.//

Chapter 25

Carbon Emissions Trading
排出権取引

1. 炭素	**cárbon** 名	
2. 取り引きする	**tráde** 動	
3. 起源、ルーツ	**róots** 名	
4. 京都議定書	**the Kyóto Prótocol**	
5. 協定、合意	**agréement** 名	
6. 産業の	**indústrial** 形	
7. 気体、ガス	**gás** 名	
8. 気候の変動	**clímate chànge**	
9. 気温、温度	**témperature** 名	
10. 二酸化炭素	**cárbon díoxide**	
11. 汚染物質	**pollútant** 名	

4. protocolは「議定書」のほか「外交儀礼」の意味でも使われる。（例）Protocol demands that when the King stands, everyone else must do so as well.（外交儀礼によれば、王様が起立したら、全員が起立しなければならない）
5. 動 agree：同意する、賛成する
10. di-(2)+oxide(酸化物)=dioxide(二酸化物)；（例）carbon monoxide：一酸化炭素。mono-は「ひとつ」の意味。
11. pollute(汚染する)+-tant(〜するもの)=pollutant

排出権取引

12.	大気	**átmosphere** 名
13.	炭素に基づいた、炭素系の	**cárbon-básed** 形
14.	燃料	**fúel** 名
15.	割り当て；手当て	**allówance** 名
16.	放出する	**reléase** 動
17.	制限を超える	**gò òver the límit**
18.	信用、クレジット	**crédit** 名
19.	所有者	**hólder** 名
20.	非公式に	**unoffícially** 副
21.	欧州連合、EU	**the Éuropean Únion**
22.	発電所	**pówer stàtion**
23.	排出、放出	**emíssion** 名
24.	(法律が)施行される；効果を生じる	**tàke efféct**
25.	金融市場	**fináncial márket**

20. 反 officially：公式に
23. 動 emit：放出する

Chapter 25

26. 北欧の	**Nórdic** 形
27. （商品）取引所	**Exchánge** 名
28. オランダ	**the Nétherlands** 名
29. 法律の制限	**légal límit**
30. 署名する	**sígn** 動
31. 承認する	**appróve** 動
32. 発展途上国	**devéloping cóuntry**
33. 削減する、削除する	**màke a cút**
34. 豊かな、裕福な	**wéalthy** 形
35. 〜することを目指す	**áim to 〜**
36. 〜より下の	**belów** 前
37. 起こる	**háppen** 動

28.「オランダ」はHollandと言ってもよい。
30. 名 signature：署名、調印
31. 名 approval：承認、賛成
32. developed countryといえば「先進国」のこと。
34. 名 wealth：富、財産
36. 反 above：〜の上に

排出権取引

Carbon⁽¹⁾ trading⁽²⁾ has its roots⁽³⁾ in the Kyoto Protocol⁽⁴⁾.// This is the international agreement⁽⁵⁾ to reduce levels of industrial⁽⁶⁾ gases⁽⁷⁾ / believed to cause climate change⁽⁸⁾.// Many scientists link warmer temperatures⁽⁹⁾ / to carbon dioxide⁽¹⁰⁾ and other pollutants⁽¹¹⁾.// One way carbon dioxide enters the atmosphere⁽¹²⁾ / is when oil and other carbon-based⁽¹³⁾ fuels⁽¹⁴⁾ are burned.// Under the Kyoto Protocol,/ companies have an allowance⁽¹⁵⁾.// This is the amount of carbon dioxide/ they are permitted to release⁽¹⁶⁾.//

Companies can go over their limit⁽¹⁷⁾.// But they must buy credits⁽¹⁸⁾ from companies/ that have more than

---

ℓ.1 **carbon trading**：直訳すると「炭素の取引」だが、ここでは「二酸化炭素（温暖化ガス）の排出権取引」を指す。排出権は国や企業の間で売買することができ、先進国では定着してきている。

ℓ.1 **the Kyoto Protocol**：京都議定書は、1997年に第3回気候変動枠組条約締約国会議で採択された。地球温暖化の原因となる温室効果ガス（二酸化炭素、メタン、亜酸化窒素、HFC、PFC、六フッ化硫黄の6種類）を、2008年〜2012年の間に、先進締結国において1990年の基準から5%以上削減することを目標とする。各国別では、日本6%、アメリカ7%、EU8%の削減率を設定した。55ヵ国以上が締結。2005年2月16日に発効した。

ℓ.10 **But they must buy credits...**：売買されるcredit（クレジット、信用）とは、ここでは「(二酸化炭素の)排出権」のこと。

Chapter 25

1. they need.// These are companies that have not used all of
   業から）　　　　　　　割り当てのすべてを使用しなかった企業（から）だ。

2. their allowance.// Each credit permits the **holder**[19] / to
   それぞれの排出権は、保有者に許す

3. release one ton of carbon into the atmosphere.// Carbon cred-
   1トンの（二酸化）炭素を大気中に排出することを。　　　　（二酸化）炭

4. its have been traded **unofficially**[20] since 2003.// Since then,
   素の排出権は、2003年以来、非公式に取り引きされている。　　　　それ以来、

5. the price of a credit has risen by about 40 percent.//
   排出権の価格は約40パーセント上昇している。

6. Now, **the European Union**[21] will require factories
   これから欧州連合は、25の加盟国の工場や発電所に要求するだろう

7. and **power stations**[22] in the 25 member countries/ to use the
   このシステムを

8. system.// A program called the European **Emissions**[23]
   使うように、と。　　　「EU域内排出量取引制度」というプログラムが

9. Trading Scheme/ **took effect**[24] on January 1, 2005.//
   2005年1月1日に開始された。

10. Only companies in industries that produce large
    大量の二酸化炭素を産出する産業の企業だけが

11. amounts of carbon dioxide/ must take part in the system.//
    この制度に参加しなければならない。

ℓ.5 …has risen by about 40 percent. : ここで使われているbyは「～だけ」と、程度・差違を表す。
(例)I missed the train by 10 minutes.（10分の差で電車に乗り遅れた）

ℓ.7 the 25 member countries : 2007年の時点ではEU加盟国は27ヵ国。

But anyone can buy carbon credits in **financial markets**(25).// Nord Pool, the **Nordic**(26) Power Exchange,/ has already begun to trade carbon credits.// The European Climate **Exchange**(27), in **the Netherlands**(28),/ is to officially start trading in February.// Euronext and the European Energy Exchange in Germany/ have also announced plans to trade carbon credits.// Experts say/ the market could grow to 19 billion dollars by 2010.//

A group of companies created the Chicago Climate Exchange in 2003.// But carbon trading in the United States is/ not based on **legal limits**(29), as in Europe.//

ℓ.2 **Nord Pool**：ノードプール。スウェーデン、ノルウェー、フィンランド、デンマークが参加する北欧の電力取引所。

ℓ.3 **the European Climate Exchange**：欧州気候取引所。アメリカ企業の排出権を売買していたシカゴ気候取引所がオランダに設立。2005年4月に取引を開始した。

ℓ.5 **Euronext**：ユーロネクスト。2000年9月に、パリ証券取引所、アムステルダム証券取引所、ブリュッセル証券取引所の3つの証券取引所が合併して設立された。

ℓ.5 **the European Energy Exchange**：欧州エネルギー取引所。旧東ドイツのライプチヒに本拠を置く中央ヨーロッパの主要エネルギー取引所。2002年に、ライプチヒエネルギー取引所とフランクフルトの欧州エネルギー取引所が合併して誕生した。

Chapter 25

1. About 130 nations have **signed**[(30)] the Kyoto Protocol.//
   約130の国が京都議定書に署名している。

2. The United States has not **approved**[(31)] it.//
   アメリカはそれを批准（承認）していない。

3. This is largely because/ big **developing countries**[(32)]
   この大きな理由は　　　　　　　　　中国、インドのような巨大な発展途上

4. like China and India/ are not required to **make** the same **cuts**[(33)]
   国は　　　　　　　　　　　　　　　先進国（より裕福な国）と同じ削減を要求されないからだ。

5. as **wealthier**[(34)] nations.//

6. But enough nations have approved the Kyoto Protocol/
   しかし、十分な数の国が京都議定書に批准している

7. for the treaty to take effect next month.// It **aims to**[(35)]
   この条約が来月（2005年2月）発効するのに（十分なだけ）。　　　　議定書は、世

8. reduce the amount of carbon dioxide produced in the world/
   界で排出される二酸化炭素の量の削減を目標としている

9. to **below**[(36)] levels recorded in 1990.// This is supposed to **hap-**
   1990年に記録した基準よりも低くなるように。　　　この目標は、2012年までに達成す

10. **pen**[(37)] by 2012.//
    ることになっている。

11.

P.281-ℓ.9　the Chicago Climate Exchange：シカゴ気候取引所。2003年に開設。二酸化炭素など温暖化ガスの排出権取引をWEB上で行っている。

ℓ.3　**The United States has not approved it.**＝The United States has not *ratified* it.：世界の温室効果ガスの5分の1を排出するアメリカは、京都議定書を批准しないことを表明。いまも離脱状態が続いている。

Chapter 25

①（二酸化）炭素排出権取引のルーツは、京都議定書にある。// これは産業排出ガス（=温暖化ガス）を削減するための国際協定だ/ 気候変動を引き起こすと考えられている（産業排出ガスを）。// 多くの科学者が温暖化を結び付けている/ 二酸化炭素などの汚染物質と。// 二酸化炭素が大気中に入るひとつの方法は/ 石油などの炭素燃料が燃えるときだ。// 京都議定書によれば/ 企業には（排出量の）割り当てがある。// これは二酸化炭素の量だ/ 排出を許される。//

②企業はその限度を超えることも可能だ。// しかし企業は、他の企業から排出権を購入しなければならない/ 必要以上に持っている（企業から）。// 割り当てのすべてを使用しなかった企業（から）だ。// それぞれの排出権は、保有者に許す/ 1トンの（二酸化）炭素を大気中に排出することを。// （二酸化）炭素の排出権は、2003年以来、非公式に取り引きされている。// それ以来、排出権の価格は約40パーセント上昇している。//

③これから欧州連合は、25の加盟国の工場や発電所に要求するだろう/ このシステムを使うように、と。// 「EU域内排出量取引制度」というプログラムが/ 2005年1月1日に開始された。//

④大量の二酸化炭素を産出する産業の企業だけが/ この制度に参加しなければならない。// しかし誰でも金融市場で、（二酸化）炭素排出権の購入はできる。//

⑤北欧の電力取引所「ノードプール」は/ すでに排出権を取り引きし始めている。// オランダの欧州気候取引所は/ （2005年）2月に正式に取り引きを始める予定だ。// ユーロネクスト証券取引所とドイツの欧州エネルギー取引所も/ 排出権取引をする計画を発表している。// 専門家によれば/ 市場は2010年までに190億ドルまで成長する可能性がある。//

⑥一群の企業が、2003年にシカゴ気候取引所を設立した。// しかし、アメリカの（二酸化）炭素排出権取引は/ 欧州のように、法律による制限に基づいていない。//

⑦約130の国が京都議定書に署名している。// アメリカはそれを批准（承認）していない。//

⑧この大きな理由は/ 中国、インドのような巨大な発展途上国は/ 先進国（より裕福な国）と同じ削減を要求されないからだ。//

⑨しかし、十分な数の国が京都議定書に批准している/ この条約が来月（2005年2月）発効するのに（十分なだけ）。// 議定書は、世界で排出される二酸化炭素の量の削減を目標としている/ 1990年に記録した基準よりも低くなるように。// この目標は、2012年までに達成することになっている。//

①**Carbon trading** has its **roots** in **the Kyoto Protocol**.// This is the international **agreement** to reduce levels of **industrial gases**/ believed to cause **climate change**.// Many scientists link warmer **temperatures**/ to **carbon dioxide** and other **pollutants**.// One way carbon dioxide enters the **atmosphere**/ is when oil and other **carbon-based fuels** are burned.// Under the Kyoto Protocol,/ companies have an **allowance**.// This is the amount of carbon dioxide / they are permitted to **release**.//

②Companies can **go over** their **limit**.// But they must buy **credits** from companies/ that have more than they need.// These are companies that have not used all of their allowance.// Each credit permits the **holder**/ to release one ton of carbon into the atmosphere.// Carbon credits have been traded **unofficially** since 2003.// Since then, the price of a credit has risen by about 40 percent.//

③Now, **the European Union** will require factories and **power stations** in the 25 member countries/ to use the system.// A program called the European **Emissions** Trading Scheme/ **took effect** on January 1, 2005.//

④Only companies in industries that produce large amounts of carbon dioxide/ must take part in the system.// But anyone can buy carbon credits in **financial markets**.//

⑤Nord Pool, the **Nordic** Power Exchange,/ has already begun to trade carbon credits.// The European Climate **Exchange**, in **the Netherlands**,/ is to officially start trading in February.// Euronext and the European Energy Exchange in Germany/ have also announced plans to trade carbon credits.// Experts say/ the market could grow to 19 billion dollars by 2010.//

⑥A group of companies created the Chicago Climate Exchange in 2003.// But carbon trading in the United States is/ not based on **legal limits**, as in Europe.//

⑦About 130 nations have **signed** the Kyoto Protocol.// The United States has not **approved** it.//

⑧This is largely because/ big **developing countries** like China and India/ are not required to **make** the same **cuts** as **wealthier** nations.//

⑨But enough nations have approved the Kyoto Protocol/ for the treaty to take effect next month.// It **aims to** reduce the amount of carbon dioxide produced in the world/ to **below** levels recorded in 1990.// This is supposed to **happen** by 2012.//

索引

*太字は見出し語です

A

ability　**20**, 23, 27, 90, 95, 112, 117
able　20
above　278
accuse 〜 of ...　**35**, 39, 43
act　**187**, 193, 201
act as if 〜　**62**, 66, 69
action　**187**, 193, 201
active　**161**, 164, 171, 259, 265
activity　**71**, 75, 81, 154, 159, 178, 179, 180, 183
actor　**36**, 40, 43
add　**110**, 114, 117, 179, 183
admission　152
admit　**152**, 155, 159
adult　**110**, 114, 115, 117, 119, 135, 137, 141
adventure　**22**, 25, 27, 65, 66, 69
advertise　**204**, 207, 211
advertisement　204
advice　120
advise　**120**, 124, 129
aerobic　**175**, 179, 183
affect　**29**, 30, 33, 205, 211
after a while　**222**, 228, 233
agency　**109**, 113, 117, 126, 129, 259, 265 →law enforcement agency
agent　109
aggression　**187**, 193, 195, 201
aggressive　187
agree　**63**, 66, 69, 240, 243, 271, 275, 276
agreement　**276**, 279, 285
agricultural　256, 261, 265
agriculture　**256**, 259, 261, 262, 265
aim to 〜　**278**, 282, 285
air pollution　**266**, 269, 275
airplane　**220**, 224, 231
alcohol　**63**, 66, 69
alive　**56**, 58, 61, 247 →come alive

allergic　266
allergy　**266**, 269, 270, 271, 272, 275
alliance　**122**, 125, 129
allow　98
allowance　**277**, 279, 280, 285
ambition　188
American Cancer Society, the　**133**, 136, 138, 141
Americas, the　**86**, 90, 95
amount　**98**, 102, 107, 168, 173, 205, 211, 250, 255, 279, 282, 285
amphibian　160
amusement park　142
ancestor　**221**, 226, 231
ancient　**185**, 191, 199, 226, 231, 237, 243
and so forth　**56**, 59, 61
anniversary　**258**, 262, 265
announce　**98**, 102, 107, 281, 285
announcement　98
apologize　**55**, 57, 61
apology　55
appear　221, **248**, 252, 255
approval　278
approve　**278**, 282, 285
around the world　113, 114, 117, **132**, 135, 141, 145, 149, 205, 211
arrest　**34**, 38, 40, 43, 216, 219
arrival　46
arrive　**46**, 51, 53
article　**22**, 25, 27
artificial　70
artist　**45**, 49, 53
as a result　**177**, 181, 183
as many as 〜　**134**, 138, 141
as time passes　**235**, 239, 243
〜 as well as ...　**73**, 78, 83, 175
aspiration　188
assault　234
association　**152**, 155, 159

at an early age   **220**, 224, 231
at current rates   **132**, 135, 140
at least   91, 95, **108**, 112, 117, 225, 231
at once   134, 177
at risk of ～   **267**, 269, 275
at the age of ～   **20**, 23, 27
at the end of ～   **203**, 206, 211
at the top of ～   **214**, 217, 219
Atlantic coast, the   **46**, 50, 53
atmosphere   **277**, 279, 280, 285
atomic bomb   **54**, 57, 58, 59, 61
attack   **160**, 164, 167, 171, 173, 207, 211, 234
attend   **71**, 76, 79, 81, 83, 114, 117, 268
attention   **268**, 272, 275
attentive   268
Austrian   **186**, 193, 201
author   62
avenue   **204**, 207, 208, 211
awake   **188**, 195, 201
awaken   **185**, 190, 199

B

bad for one's health   **132**, 135, 141
ban 動   **152**, 156, 159
ban 名   **72**, 77, 81, 83
banking center   **202**, 205, 211
base   **235**, 237, 243
basic human right   **108**, 112, 117
bat   **160**, 164, 165, 166, 167, 168, 171, 173
bath   267
bathe   **267**, 270, 275
battle   **185**, 191, 199
be able to ～   114, 117, **176**, 180, 183, 250, 255
be afraid to ～   **35**, 39, 43
(be) attached to ～   **151**, 154, 159
be based in ～   **87**, 91, 95
be based on ～   **150**, 153, 159, 281, 285
(be) connected to ～   **187**, 193, 201
(be) covered with ～   **71**, 75, 81
(be) dressed   **143**, 145, 149
be exposed to ～   **267**, 270, 271, 275
be free of ～   **187**, 194, 201
be full of ～   **56**, 59, 61, 193, 201
be interested in ～   45
be known for ～   **204**, 207, 211
be likely to ～   **133**, 137, 141, 271, 275
(be) linked to ～   **109**, 113, 117, 127, 129, 136, 137, 141, 250, 255
(be) made of ～   **64**, 67, 69, 74, 81, 249, 255
be native to ～   **258**, 262, 265
be responsible for ～   **87**, 91, 95, 135, 136, 141
be supposed to ～   **85**, 89, 95, 282, 285
(be) surrounded by ～   **44**, 48, 53
be true of ～   **268**, 271, 275
bear ～ in mind   184
beat   **63**, 67, 69
beaten   →beat
become friends with ～   **213**, 216, 219
become interested in ～   **45**, 49, 53
become involved in ～   **213**, 216, 219
belief   **73**, 78, 83, 178, 183
below   **278**, 282, 285
beside   **204**, 207, 211
best of all   **143**, 144, 149
Bible   **186**, 191, 199
billions of ～   **258**, 262, 265
biodiversity   **256**, 259, 261, 262, 265
biological   256
biologically   **256**, 259, 265
biology   256
birth of Jesus, the   **71**, 75, 81
bite   **163**, 168, 173
blacken   **56**, 58, 61
bladder   **133**, 136, 141
blame   **266**, 269, 275
blame ～ for ...   **36**, 40, 43

287

blast ⓝ   **54**, 59, 61

blast ⓥ   **54**, 57, 58, 61
blind   **20**, 23, 27
blood pressure   **151**, 154, 159
bodily reaction   **150**, 153, 159
bomb   56
bomber   **56**, 59, 61
bone   **161**, 165, 171, 249, 255
bottle   **122**, 126, 129
braille   **21**, 24, 27
brain   **187**, 193, 194, 195, 201
branch   **70**, 74, 81
brave   **236**, 241, 245
breast milk   **120**, 124, 129
breastfeed   **120**, 124, 125, 126, 129
breath   134
breathe   **134**, 137, 141
breathing   **151**, 154, 159
bring a quick end to ～   **55**, 58, 61
bring up ～   **267**, 269, 275
Britain   **221**, 224, 227, 229, 231, 233, 237, 238, 243
British   206, 207, 211, 221
build up   **267**, 270, 275
builder   **44**, 48, 53
burn   **55**, 57, 61, 279, 285
businesses   **204**, 207, 208, 211
but then (again)   **99**, 103, 107

C

cancer   **121**, 125, 129, 136, 137, 141, 252, 255
capital   **47**, 51, 53
capture   **62**, 65, 69, 237, 243
carbon   **276**, 280, 281, 285
carbon dioxide   **276**, 279, 280, 282, 285
carbon monoxide   276
carbon-based   **277**, 279, 285
carry   **247**, 251, 255
cartilage   **246**, 249, 252, 255
cartoon   **143**, 145, 149
catch fire   **54**, 57, 61
cause   **28**, 30, 33, 135, 136, 137, 138, 141, 270, 275, 279, 285
cave   **161**, 165, 171
celebrate   **70**, 74, 75, 76, 78, 81, 83, 262, 265
celebration   70
Celts, the   **222**, 227, 228, 231, 233
charge ⓝ   **35**, 39, 43
charge ⓥ   **35**, 40, 43
chemical   **96**, 100, 107, 136, 141, 250, 255
chest   **151**, 154, 159
childhood   **187**, 194, 201, 215, 219
choir   **73**, 79, 83
choose ～ **over ...**   **176**, 180, 183
church   **34**, 38, 43, 75, 76, 79, 81, 83
cigar   **133**, 137, 141
cigarette   **133**, 136, 138, 141
citizen   **35**, 38, 40, 43
civil rights movement   **35**, 39, 43
civilization   **186**, 192, 199
claim   **174**, 178, 183
cleanliness   **268**, 272, 275
cleanly   268
clever   236
client   143
climate change   **276**, 279, 285
closely   **188**, 194, 201
cloth   56
clothes   **56**, 58, 61, 204, 208, 211, 270, 275
clothing   **204**, 208, 211, 250, 255
coast   **222**, 227, 231, 237, 243
coffee break   **177**, 181, 183
collapse   **56**, 58, 61
collect   236
collection   **236**, 240, 243
colorful lights   **70**, 74, 81
combat   185
combine ～ **with ...**   **174**, 178, 183
come alive   **185**, 190, 199
comfortable   175
comment   **186**, 191, 199
common   **29**, 30, 33, 65, 69, 124, 129, 178, 183, 238, 243, 269, 271, 275

common language **221**, 225, 231
commonly **120**, 124, 129
communicate **221**, 225, 231
communication 221
compare **110**, 115, 119
compared to ～ **121**, 125, 129
comparison 110
complete 形 20, 167, 173
complete 動 **21**, 24, 27, 114, 115, 117, 217, 219
completely **20**, 23, 27
complex **62**, 65, 69, 259, 265
concern 動 **72**, 77, 81
concern 名 **86**, 91, 95
conflict **214**, 216, 219
connect ～ **to ...** **247**, 251, 255
conquer 235
conqueror **235**, 238, 243
consider 1 **63**, 66, 69, 112, 114, 115, 117, 156, 159
consider 2 **257**, 261, 265
constitution **72**, 77, 81
continue **35**, 39, 40, 43, 101, 107, 135, 141, 146, 149
continuous **84**, 88, 95
control 動 **203**, 206, 211
control 名 166, 171, 261, 265
cope with ～ 109
cord **247**, 251, 255
corn 257
cost 動 **1** **143**, 145, 149
cost 動 **2** **258**, 262, 265
costly **204**, 208, 211
count **97**, 101, 107
count on ～ 174, 256
countryside **266**, 269, 275
court **152**, 156, 159
cow **247**, 250, 255
crawl **235**, 238, 243
create **46**, 51, 53, 142, 190, 199, 281, 285
creature **143**, 145, 149, 166, 171, 190, 199
credit **277**, 279, 280, 281, 285

critic **143**, 145, 149
criticism 73, 143
criticize **73**, 77, 81, 143
crop **256**, 260, 265
cross **222**, 227, 231
cultural **109**, 113, 117
culture **109**, 113, 117, 145, 149, 186
current **123**, 127, 131, 266
  →at current rates
currently **266**, 269, 275
customer 143

D

daily **176**, 180, 183
damage 88, 95, **134**, 138, 141, 239, 243
danger **132**, 136, 137, 141
dangerous **134**, 138, 141, 259, 265
Danish **222**, 226, 231
daring **22**, 25, 27
dead **36**, 40, 43, 56
deaf 20
deal with ～ **109**, 113, 117, 205, 211
dealt →deal with ～
death 36, **132**, 135, 137, 141, 146, 149 →put ～ to death
debate **152**, 155, 159
decide **44**, 48, 53, 155, 159, 191, 199
decision 44, 55, 57, 61, **73**, 77, 81 →make a decision
declaration 72
declare **72**, 77, 81, 112, 117
decorate **71**, 76, 81
decoration 71
decrease 87, 121
defense system **248**, 251, 255
degree **34**, 38, 43
delight 184
demand 86
Denmark **222**, **234**, 237, 243
depend on ～ 174, **256**, 259, 260, 265
describe **35**, 39, 43, 65, 69, 127, 129, 213, 215, 219, 239, 241, 243, 245
description **213**, 216, 219

289

desert　162, 167, 171
design　150, 153, 159, 165, 171
desire　188, 194, 201
dessert　162
destroy　56, 59, 61, 262, 265
destruction　56
detail　213
detailed　213, 216, 219
detect　151
detector　150, 153, 154, 155, 156, 159
develop　20, 23, 27, 89, 90, 95, 120, 127, 129, 145, 149, 193, 194, 201, 227, 231, 269, 271, 275
developed country　278
developing country　278, 282, 285
development　120, 124, 127, 129　→housing development
device　97, 101, 102, 103, 107, 154, 159
diarrhea　121, 124, 129
die from hunger　257, 260, 265
diet 動　174, 178, 179, 183
diet 名　120, 124, 129, →low-fat diet
difference　97
different　78, 83, **97**, 101, 103, 107, 115, 119, 127, 129, 154, 159, 192, 193, 194, 199, 201, 225, 228, 231, 233, 240, 243, 259, 260, 265
different kinds of ～　160, 164, 171, 249, 251, 255
diminish　87, 121
dinosaur　246, 249, 255
director　46, 51, 53
disabled　22, 25, 27
disabled people　22, 25, 27
disagree　63
disappear　221, 226, 231
discuss　163
discussion　163, 167, 173
disease　121, 124, 129, 136, 141, 251, 255, 260, 265　→heart disease
diverse　256, 259, 265
divide　85, 89, 95
do without ～　99

doctorate　34, 38, 43
document　97, 101, 107
domestic animal　163
double　174, 178, 183
doubt　45
doubtless　133
during the day　160, 164, 171
dusty　267, 270, 275
Dutch　203, 206, 211, 226, 231
duty　214, 217, 219
dwindle　87

E

each other　30, 33, 75, 81, 256
earthquake　28, 30, 31, 33
eastern　46, 50, 53
echolocation　162, 166, 171
economic security　109, 113, 117
edge　204, 207, 211
educate　235
educated　235, 238, 243
education　108, 112, 117, 235, 271, 275
educational　109, 113, 117, 146, 149
effect　29, **54**, 57, 61, 216, 219, 261, 265
effective　162, 166, 171, 178, 183
effort　84, 88, 90, 95, 102, 107
Egypt　186, 191, 199
either ～ or ...　22, 25, 27, 103, 107
elect　97
election　97, 101, 107, 113, 117
elective　97
electric signal　96, 100, 107
electrical　246, 250, 255
electricity　96, 100, 101, 107, 246
elephant　142, 144, 149
elevator　176, 180, 183
embryo　247
emission　277, 280, 285
emit　277
employ　98
employee　98, 103, 107
employer　98

290

employment 98
empty **35**, 39, 43
encounter **268**, 270, 275
English Channel, the **222**, 227, 231
enhance 109
enormous 28, **268**, 272, 275
entertainment park **142**, 144, 146, 149
environment **85**, 88, 95, 164, 171, 259, 261, 265, 269, 275
equipment **122**, 126, 129, 180, 183
escape **63**, 67, 69, 146, 149, 228, 233
esophagus **133**, 136, 141
especially **187**, 193, 201
establish **72**, 77, 81, 91, 95
establishment 72
estimate **109**, 114, 117, 135, 137, 141
Europe 49, 53, **186**, 192, 199, 224, 225, 227, 231, 285
European **202**, 206, 211, 226, 231, 280, 281, 285
European Union, the **277**, 280, 285
even⑯ 86
event **184**, 189, 191, 199
evergreen tree **70**, 74, 81
evidence **152**, 156, 159, 178, 183
evil **186**, 192, 199
exact **110**, 115, 119
examination 84
examine **84**, 88, 95
Exchange **278**, 281, 285
exclude **73**, 78, 83
exclusive **121**, 125, 129
exist 98, **246**, 249, 255
existence 246
existing **98**, 102, 107
expand 109
expensive 204
experience⑰ 188
experience⑱ **62**, 65, 69
experiment **96**, 100, 101, 107
expert **29**, 30, 33, 112, 115, 117, 119, 124, 126, 129, 135, 141, 154, 155, 159, 178, 183, 225, 228, 233, 238, 239, 240, 243, 260, 265
explain **186**, 191, 199, 266
explanation 186, **266**, 269, 272, 275
explode **28**, 30, 33
exploration 45, **203**, 206, 211
explore **45**, 49, 53, 67, 69, 203, 216, 219
explorer **203**, 206, 211
explosion **28**, 30, 33
exposure **267**, 270, 275
express 184
expression **184**, 189, 199
extend **160**, 164, 171, 207, 211
extension 160
extensive 160
extent 160
extra **122**, 125, 129
extremely **98**, 103, 107, 228, 233, 241, 245, 250, 255

F

face **188**, 195, 201
fact **212**, 215, 219 →in fact
factory **56**, 58, 59, 61, 280, 285
fail to ~ **110**, 114, 117
fall out **54**, 57, 61
fallen →fall out
false **35**, 39, 40, 43, 154, 159
famine **257**, 259, 265
far north **234**, 237, 243
farm **44**, 48, 51, 53
farm animal **163**, 167, 173, 260, 265
farmland **44**, 48, 53
fat **175**, 179, 183 →low-fat diet
favor **175**, 179, 183
fear **160**, 164, 171
feed **120**, 124, 125, 129
feed on ~ **163**, 167, 173
fell →fall out
fence **62**, 65, 66, 69
ferocious 234
fetus **247**, 251, 255
fierce **234**, 237, 243
fight 185, **222**, 228, 231, 252, 255

fight against ~ 35, 39, 43, 229, 233
finance 97
financial 97, 101, 107
financial center 202, 205, 211
financial market 277, 281, 285
financial year 258, 262, 265
find a way to ~ 248, 252, 255
find out 202, 206, 211
findings 176, 180, 183
finish schoolwork 110, 114, 117
flash 56, 59, 61
fled →flee
flee 54, 57, 61
float 143, 144, 149
flow 85, 88, 95
follow 86, 91, 95
follower 37, 41, 43
food 120
food resource 257, 260, 265
food security 256, 259, 265
foolish 236, 241, 245
for example 142, 144, 149, 180, 183, 271, 275
for instance 142
forbid 72
foreign language 220, 224, 231
forest operator 84, 88, 89, 95
forget 174, 178, 183
form 20, 23, 27, 30, 33
fought →fight
foundation 21, 24, 27
free 63, 67, 69
French 21, 24, 27, 226, 231, 239, 243
French-speaking people 235, 238, 243
frequency 267
frequent 267
frequently 267, 270, 275
frighten 185, 190, 199
frightening monster 185, 190, 199
frog 162, 167, 171
from near and far 143, 145, 149
from the point of view of ~ 213, 216, 219

fuel 277, 279, 285
functionally 110, 114, 115, 117, 119
fund 122, 126, 129

G

gain weight 174
gas 276, 279, 285
gene 268
generally 71, 76, 81, 156, 159
genetics 268, 271, 275
genuine 142
German 21, 24, 27, 226, 227, 231
get ready for ~ 21, 24, 27
get to ~ 143, 145, 149
gift 70, 74, 75, 76, 81
give a clear picture of ~ 236, 240, 243
give birth to ~ 247, 251, 255
gland 151
go for a walk 177, 180, 183
go over the limit 277, 279, 285
go through 188, 196, 201
go to war 203, 206, 211
go without ~ 99, 104, 107
gods, the 185, 191, 199
good example, a 221, 225, 231
government 55, 57, 61, 239, 243
government center 202, 205, 211
governor 203, 206, 211
Greek 21, 24, 27, 226, 231
grow 109
growth 123, 126, 127, 129, 131
guest 143
guidance system 162, 166, 171
guilty 214, 217, 219

H

hang upside down 161, 165, 171
happen 40, 43, 155, 159, 193, 201, 278, 282, 285
harbor 28, 30, 33, 206, 211
harm 動 133, 137, 141, 261, 265
harm 名 168, 173
harmful 186

harvest 85, 89, 90, 95
hate **55**, 57, 61, 188
hatred **188**, 194, 201
headquarters **258**, 262, 265
health 113, 117, **120**, 124, 126, 127, 129, 131, 135, 137, 141, 177
health care **108**, 112, 117
health disorder **134**, 137, 141
healthy **177**, 181, 183, 259, 265
heart disease **132**, 136, 141, 252, 255
hidden meaning **187**, 193, 201
hide **160**, 164, 171, 194, 195, 201
high-quality **256**, 259, 265
hire **20**, 23, 27
holder **277**, 280, 285
holiday **70**, 74, 75, 76, 78, 79, 81, 83
Holland 203, 278
holly **44**, 48, 53
holy 44
homeless 75, 81, 133
honors **21**, 24, 27
housing **108**, 112, 117
housing development **44**, 48, 53
however 49, 53, 77, 81, **110**, 115, 119, 179, 183, 271, 275
huge **28**, 30, 33, 205, 211, 249, 255, 268, 269, 275
huge money machine **143**, 145, 149
human blood **160**, 164, 171
human life **214**, 217, 219
hundreds of ~ **29**, 31, 33, 227, 231
hurry **45**, 49, 53
husband 40, 43, **212**, 215, 219
hygiene **266**, 269, 271, 275
hypothesis **267**, 269, 272, 275

I

identification 109, 133
identify **133**, 136, 141
identity **109**, 113, 117
illegal **36**, 37, 41, 43
illiterate **110**, 114, 115, 117, 119
illness 121
imaginary **142**, 144, 149
imagination 56, 142
imagine **56**, 59, 61, 142, 144, 149
immediately **134**, 138, 141, 180, 183, 215, 217, 219
immense 28
immune 267
immunity **267**, 270, 271, 275
importance **123**, 126, 129, 251, 255
improve **97**, 101, 102, 107, 113, 117
improvement **98**, 102, 103, 107
in addition to ~ **21**, 24, 27
in all directions **29**, 30, 33
in certain ways **187**, 193, 201
in fact 164, 171, **268**, 271, 275
in hopes of ~ **248**, 252, 255
in jail **213**, 216, 219
in length **246**, 249, 255
in one's search for ~ **162**, 165, 171
in order to ~ **175**, 178, 183
in prison **36**, 40, 43, 213
in reaction to ~ **86**, 91, 95
in search of ~ 162
in the form of ~ **175**, 179, 183
in the middle of the night **213**, 215, 219
in the same way **202**, 205, 211
in those early years **46**, 51, 53
include 78, 83, **111**, 115, 119, 178, 183, 189, 191, 199, 226, 231, 239, 243, 250, 255
including ~ **122**, 126, 129, 191, 199, 224, 231
income **268**, 271, 275
increase **109**, 113, 117, 127, 131, 135, 137, 141, 180, 183
independence 46
independent **46**, 50, 53
Indian Ocean, the **29**, 31, 33
individual **108**, 112, 113, 117
industrial **276**, 279, 285
industry **44**, 48, 53, 207, 211, 280, 285
infection **20**, 23, 27, 124, 129, 138, 141, 168, 173, 252, 255

293

information　97, 100, 101, 107, 155, 159
injure　248
injury　**248**, 252, 255
innocent　214
insect　**162**, 166, 167, 171
instantly　134, 177
instead of ～　**71**, 76, 81
instrument　**36**, 40, 43, 65, 69
intelligent　236
international　88, 91, 95, **122**, 126, 127, 129, 131, 217, 219, 224, 231, 279, 285　→international bank
international bank　**202**, 205, 211
interpret　186
interpretation　**187**, 193, 201
intimidate　185
invade　222, 258
invasion　**222**, 227, 231, 237, 238, 243
invasive　**258**, 261, 265
invent　45, **98**, 102, 103, 107, 153, 159, 217, 219
invention　45, **97**, 101, 102, 103, 107
inventor　**45**, 49, 53
investigate　213
investigation　**213**, 216, 219
investment company　**202**, 205, 211
involve　**71**, 76, 81, 125, 129, 154, 159, 179, 183
involvement　71, **109**, 113, 117
Ireland　**257**, 260, 265
irregular　176
island　**203**, 206, 211, 227, 231
Italian　**222**, 226, 231
Italy　222

J

jewel　204
jewelry　**204**, 208, 211
join together　**45**, 50, 53
journalism　**212**, 215, 219
joy　**184**, 189, 199
judge　**162**, 166, 171
juror　235

jury　**235**, 239, 243
just about　**247**, 250, 255
justice　**235**, 239, 243

K

keep ～ in mind　184
kidney　**133**, 136, 141
killer　**213**, 216, 217, 219
killing　**213**, 215, 219
Kyoto Protocol, the　**276**, 279, 282, 285

L

laboratory　**96**, 100, 107
landslide　**28**, 30, 33
large number of, a　**257**, 260, 265
last　**36**, 41, 43
lately　174, 267
Latin　**21**, 24, 27, 226, 231
law　**34**, 38, 43, 46, 239, 243
law enforcement　**86**, 90, 95
law enforcement agency　**152**, 155, 159
lawyer　**46**, 50, 53
lay eggs　**247**, 251, 255
lead ～ to ...　**186**, 192, 199
lead a ～ life　**256**, 259, 265
lead to ～　**98**, 103, 107
leading　**132**, 135, 136, 141
learn more about ～　215, 219, **248**, 251, 255
leave behind ～　**221**, 226, 231
legal　**37**, 41, 43, 156, 159
legal limit　**278**, 281, 285
legal protection　**97**, 101, 107
legally　**45**, 50, 53
less than ～　**55**, 58, 61, 88, 95, 164, 171, 249, 255
lessen　121
lie　**150**, 153, 154, 155, 156, 159
lifestyle change　**176**, 180, 183
lift weights　**175**, 179, 183
liquid　**246**, 250, 255
literacy　**108**, 112, 113, 115, 117, 119

literacy rate **111**, 115, 119
literary **213**, 216, 219
literate **108**, 112, 113, 115, 117, 119
literature 213
live 形 **247**, 251, 255
living 247
long distance **96**, 100, 107
look for ～ **266**, 269, 275
look like ～ **142**, 144, 149
look to ～ **234**, 237, 243
lose weight **174**, 178, 183
lots of ～ **256**, 259, 265
low birth weight **134**, 137, 141
lower **203**, 206, 211
low-fat diet **175**, 180, 183
lung **133**, 136, 137, 138, 141

M

maintain **176**, 180, 183
maintenance 176
maize **257**, 260, 265
major **28**, 30, 33, 88, 89, 95, 98, 113, 117, 136, 141, 224, 231
majority **110**, 114, 117
make a cut **278**, 282, 285
make a decision **55**, 57, 61
make business deals **202**, 205, 211
make progress **175**, 178, 183
make trouble for ～ **46**, 50, 53
mammal **160**, 164, 165, 171
manage **86**, 89, 91, 95
management **84**, 88, 90, 91, 95
man-made **70**, 74, 81
mark **55**, 58, 61
marriage **235**, 239, 243
marry 235
meal **71**, 75, 81
mean 動 **236**, 241, 245
meaning **71**, 76, 81
measure 動 **29**, 31, 33, 115, 117, 126, 127, 129, 153, 154, 159
measure 名 **110**, 115, 119
medical student **150**, 153, 159
medicine **220**, 224, 231

meet with ～ **21**, 24, 27, 216, 219
mental 123
mental problem **96**, 100, 107
metal plate **151**, 154, 159
method **100**, 107, 115, 117, **212**, 215, 219, 261, 265
Mexican **186**, 192, 199
military leader **185**, 191, 199
millions of ～ **132**, 135, 141, 205, 211, 249, 255
mineral **122**, 125, 129
minor **98**, 102, 107
minority 110
modern **221**, 226, 231, 240, 243
moral **213**, 216, 219
more ～ **any other ...** **220**, 224, 231
mostly **151**, 155, 159
motor **123**, 127, 129
move around **162**, 166, 171
move away from ～ **46**, 50, 53
move back and forth **188**, 196, 201
move toward ～ **29**, 30, 33
movie 25, 27, **44**, 48, 49, 50, 51, 53, 144, 146, 149
moving picture **45**, 49, 51, 53
murder **212**, 215, 216, 219
muscle **161**, 165, 171, 179, 183
Muslim **186**, 191, 199

N

naked **56**, 58, 61
nation **87**, 91, 95, 135, 141, 206, 211, 282, 285
national news **36**, 40, 43
Native American **186**, 192, 199
necessary **108**, 112, 117, 270, 275
negotiate 220
negotiation **220**, 224, 231
nerve **246**, 250, 255
Netherlands, the 203, **278**, 281, 285
New York Stock Exchange **202**, 205, 211
nightmare **185**, 190, 199
no longer **221**, 226, 231, 239, 243

295

noise **162**, 166, 171
none of ~ **87**, 91, 95
non-violence **37**, 41, 43
Nordic **278**, 281, 285
Norman Conquest, the **235**, 238, 243
north 207, 211, 222, 225, 231, 238, 243
northern **222**, 227, 231, 237, 238, 243
Norway 222, **234**, 237, 243
Norwegian **222**, 226, 231
not ~ at all **188**, 196, 201
not all ~ **161**, 165, 171
not guilty 214
not only ~ but (also) ... **175**, 179, 183, 269, 275
note **109**, 113, 117, 127, 131
nowadays 174, **267**, 270, 275
nuclear bomb **55**, 58, 61
number 98
number of ~, a **110**, 115, 117, 137, 141
number of ~, the 110

O

obese 175
object 動 **72**, 77, 81
object 名 **70**, 74, 81, 166, 171
observance **72**, 76, 81
observe **71**, 76, 81, 262, 265
ocean floor **28**, 30, 33
of one's time **236**, 241, 243
of value **234**, 237, 243
offend **73**, 78, 83
offer **122**, 126, 129
official 形 110
official language **220**, 224, 225, 231
officially **277**, 281, 285
officials **110**, 114, 117, 135, 141
on a diet 120
on average **175**, 179, 183
on earth **142**, 144, 149
on exhibit **56**, 59, 61

on the Richter scale **29**, 31, 33
one ... the other ~ **175**, 179, 183
one another **256**, 259, 265
one day **185**, 190, 199
one out of three **120**, 124, 129
operate **108**, 112, 117
operator 89, **96**, 100, 107 →forest operator
order **203**, 207, 211
organization **85**, 89, 91, 95, 155, 159
organize 85
over and over again **184**, 189, 199
overweight **175**, 180, 183
own 動 **44**, 48, 53
own 形 44, 78, 83, 100, 102, 107

P

Pacific coast, the 46
Pacific Ocean, the **29**, 30, 33
pacifier **122**, 126, 129
pancreas **133**, 136, 141
parliament **235**, 239, 243
participate in ~ 71
pass through one's mind **184**, 189, 199
passenger **220**, 224, 231
past **29**, 31, 33, 269, 275
patent **97**, 101, 103, 107
path **204**, 207, 211
peaceful **37**, 41, 43
peel off **55**, 57, 61
period **188**, 196, 201, 228, 233, 240, 243,
permanent **235**, 237, 243
permit **98**, 102, 107, 156, 159, 279, 280, 285
Philippines, the **220**, 224, 231
physical **123**, 127, 129, 180, 183
physical exercise **174**, 178, 183
pillow **54**, 57, 61
place 動 **151**, 154, 159
plant 動 **85**, 89, 95
plants 名 **85**, 90, 95, 167, 171, 250, 255, 259, 260, 265

296

play 名　**36**, 40, 43
play a part in ～　**268**, 271, 275
pleasant　185
pleasure　184
pneumonia　**121**, 124, 129
poem　**223**, 228, 233, 240, 243
poet　223, **236**, 240, 243
poetry　223
point out　**72**, 77, 81
police officer　**213**, 216, 219
political　**220**, 224, 231
politics　220
politician　220
pollen　**162**, 167, 171
pollutant　**276**, 279, 285
pollute　257, 276
pollution　**257**, 261, 265, 269, 275
polygraph　**150**, 153, 159
poor 1　**63**, 66, 69
poor 2　**258**, 261, 265
popular　**45**, 49, 53, 225, 231, 269, 275
population　**111**, 115, 119, 166, 171
port　28
possibility　**45**, 49, 53
possible　41, 43, 45
potato　**257**, 259, 260, 265
power　234
power station　**277**, 280, 285
powerful　**234**, 237, 243, 250, 255
preach　34
preacher　**34**, 38, 43
pregnancy　**133**, 137, 141
pregnant　133
preparation　70
prepare　**70**, 74, 81
president　**21**, 24, 27, 57, 61
prevent　**45**, **121**, 124, 129, 132, 252, 255
preventable　**132**, 135, 141
pride　**37**, 41, 43
privacy　**152**, 155, 159
produce　**46**, 51, 53, 102, 107, 153, 159, 166, 171, 250, 255, 280, 282, 285

product　46, **85**, 88, 95, 207, 211
production　46, **85**, 89, 95
profession　**214**, 217, 219
professional　214
progress　**86**, 90, 95　→make progress
prohibit　72
property　**258**, 262, 265
proposal　98
propose　**98**, 102, 107
protect　**84**, 88, 95, 103, 107, 124, 129, 247, 260, 265
protection　**85**, 89, 95, 247　→legal protection
protective　**247**, 250, 255
protective wall　**203**, 207, 211
protest against ～, a　**34**, 38, 43
protester　**35**, 39, 43
proud　37
provide　**162**, 166, 171, 191, 195, 199, 201, 260, 265,
psychiatrist　**186**, 193, 194, 201
psychologist　186
public life　**109**, 113, 117
public place　**72**, 77, 81
public school　**72**, 77, 81
publication　62
publish　**62**, 65, 69, 78, 83, 193, 201, 215, 217, 219
put ～ to death　**214**, 217, 219
put ～ to use　**176**, 180, 183
put on weight　174
put up houses　**44**, 48, 53

Q

question　**150**, 153 159
quiet　**46**, 51, 53

R

racial separation　**34**, 38, 39, 41, 43
radiation　**54**, 57, 61
raft　**63**, 67, 69
raid　**234**, 237, 243
raise　267

raised dots **21**, 24, 27
rapid eye movement **188**, 196, 201
rare **86**, 90, 95, 164, 171
rarely **163**, 167, 173
react **151**, 154, 159
reaction 151
real 74, 81, **142**, 144, 149, 241, 245
recall **54**, 57, 61, 184
recently 174, 267
recognition 86
recognize **86**, 90, 95, 126, 129, 259, 265
record **150**, 153, 154, 159, 282, 285
recover **121**, 124, 129, 251, 255
recovery 121
recreate **142**, 144, 149
reduce **121**, 125, 129, 260, 265, 279, 282, 285
reduction 121
regain **20**, 23, 27
regular **176**, 180, 183
relation **188**, 195, 201
release 1 **36**, 40, 43
release 2 **277**, 279, 280, 285
religion **34**, 38, 43, 71, 76, 81
religious 34, **71**, 76, 77, 78, 81, 83
rely on ～ **174**, 178, 183, 256
remain **35**, 39, 43, 88, 95
remember 54, 58, 61, **184**, 189, 196, 199, 201
repeat **185**, 189, 199
repeatedly 184
report 動 **1** 77, 81, **110**, 115, 119
report 動 **2** **212**, 215, 219
report 名 91, 95, 167, 173
represent **85**, 89, 90, 95, 145, 149
representation 85
representative 85
reproduce **247**, 251, 255, 261, 265
reproduction 247
reproductive organs **121**, 125, 129
reptile 160
request **97**, 101, 107
require **86**, 90, 95, 280, 282, 285

researcher **84**, 88, 89, 95, 138, 141, 179, 183, 195, 201, 251, 255
resistance 268
resistant **268**, 271, 275
resources **87**, 91, 95
responsibility **257**, 260, 265
rest **161**, 165, 171
restrict 63
restriction **63**, 67, 69
result **152**, 156, 159, 168, 173, 227, 228, 231, 233, 270, 275 →as a result
revolution 212
revolutionize **212**, 215, 219
rich 63, 212
richness **212**, 215, 219
ridden →ride in a car
ride 動 **142**, 144, 149
ride in a car **35**, 39, 43
right away 134, 177
right now **176**, 180, 183
rise 名 **266**, 269, 272, 275
rise 動 280, 285
risk **121**, 125, 129, 136, 137, 141, 260, 265 →at risk of ～
roam **55**, 58, 61
rode →ride in a car
Roman **185**, 191, 199
roots **276**, 279, 285
rubber tube **151**, 154, 159
ruin **257**, 260, 265
rule 動 **36**, 41, 43, 156, 159, 235
rule 名 78, 83
ruler **235**, 238, 239, 243
ruling **236**, 239, 243
run away from ～ **63**, 67, 69

S
Santa Claus **70**, 74, 81
save **84**, 88, 90, 95, 125, 129
scare 185
school district **72**, 77, 78, 81, 83
scientific **109**, 113, 117
scientist 31, 33, **132**, 135, 136, 141, 190, 192, 195, 199, 201, 249, 251, 252,

255, 269, 271, 275, 279, 285
secondhand smoke **134**, 137, 141
see if 〜 **214**, 217, 219
seed **162**, 167, 171
seek **84**, 88, 95
seldom 163
self-made 96
self-taught **96**, 100, 107
sense **184**, 189, 199
sensible 236
separation of religion and government **72**, 77, 81
series of, a **151**, 154, 159, 166, 171
serious **46**, 51, 53, 258
set aside 〜 **176**, 180, 183
settle 203
settler **203**, 207, 211
severe **258**, 261, 265
shake hands **143**, 145, 149
share 〜 with ... **268**, 271, 275
shark **246**, 249, 250, 251, 252, 255
shelter **86**, 90, 95
shoot **213**, 215, 219
shot →shoot
show if 〜 **150**, 153, 159
shrink **87**, 91, 95
sick 75, 81, **121**, 125, 129, 137, 141
sickness **121**, 124, 129
sight 1 **20**, 23, 27
sight 2 **184**, 189, 199
sign **278**, 282, 285
sign language **21**, 24, 27
signature 278
similar **72**, 77, 81
simply put **267**, 270, 275
skeleton **246**, 249, 255
skull **235**, 238, 243, 246
slave 63, **222**, 228, 233, 237, 243
slavery **63**, 67, 69
slender 174
slim **174**, 178, 183
slim 〜 down **175**, 179, 183
smell **184**, 189, 199, 250, 255
smokeless **133**, 136, 141

so-called **266**, 269, 275
solid 246
solution **188**, 195, 201
solve 188
solve problems **187**, 194, 201
some 〜 others ... **236**, 241, 245
soon after **54**, 57, 61
sound like 〜 **221**, 226, 231, 240, 243
southeastern **221**, 225, 231
southerner **34**, 38, 43
Spain 221
Spanish **221**, 226, 231
speak 62
species **257**, 261, 262, 265
speech **62**, 65, 69
spell out words **20**, 23, 27
spend 76, 81, **161**, 165, 171, 216, 219
spin **142**, 144, 149
spoken language **221**, 226, 231
spread 39, 43, **162**, 167, 171, 261, 265
stairs **176**, 180, 183
standard **123**, 127, 129, 131
state of New Jersey, the **72**, 77, 81
stay out **63**, 67, 69
steal **35**, 39, 43
step **122**, 126, 129
stick with 〜 **176**, 180, 183
stock **98**, 101, 107
stole →steal
stolen →steal
stomach **151**, 154, 159
stop 〜 from ...ing **45**, 50, 53
storytelling **212**, 215, 219
stress **151**, 153, 159
strike **29**, 31, 33
stroke **133**, 136, 141
structure **161**, 165, 171
struggle 185
stupid **236**, 241, 245
style 212
stylistic **212**, 215, 219
substance **246**, 250, 255, 270, 275
substitute **121**, 125, 129

succeed **22**, 25, 27, 63
success 22, 63
successful **63**, 66, 69, 145, 149
suddenly **161**, 165, 171
suffer 178, 183, **248**, 252, 255
suffer from ~ **134**, 137, 141, 269, 271, 275
suffering **55**, 57, 61
suggest **73**, 78, 83, 179, 183, 271, 275
sunshine **46**, 50, 53
supervise 85
supervision **85**, 88, 95
support 1 **73**, 77, 83, 127, 131
support 2 **257**, 260, 261, 265
Supreme Court **36**, 41, 43, 156, 159
surrender **55**, 58, 61
survival 223
survive **223**, 228, 233, 240, 243, 260, 265
suspect **45**, 49, 53
sustain 84
sustainable **84**, 88, 91, 95
sweat gland **151**, 154, 159
Sweden 222
Swedish **222**, 226, 231
swing **187**, 194, 201
syrup **122**, 125, 129

T

take ~ away **73**, 77, 81
take effect **277**, 280, 282, 285
take flight **161**, 165, 171
take part in ~ **71**, 75, 81, 280, 285
take pictures of ~ **188**, 195, 201
take place **62**, 65, 69, 77, 81, 238, 243
tale **236**, 240, 241, 243, 245
taste **184**, 189, 199
tear **214**, 217, 219
tear off **56**, 58, 61
technology **45**, 48, 49, 50, 53
teenager **54**, 57, 58, 61
telegraph **96**, 100, 102, 107

tell the truth **150**, 153, 159
temperature **276**, 279, 285
temporary **234**, 235, 237, 243
thanks to ~ **267**, 270, 275
the only ~ 127, 129, 136, 141, **161**, 165, 171, 272, 275
the others **247**, 251, 255
theater **45**, 49, 53, 208, 211
these days **174**, 178, 183, 267
thin 174
thought 图 **184**, 189, 193, 199, 201
thousands of ~ **29**, 30, 33, 191, 199, 227, 231
threat **36**, 40, 43, 164, 171, 261, 265
through the years **222**, 228, 233
timber **85**, 88, 95
time and time again 184
to order **98**, 102, 107
to put it simply 267
tobacco **63**, 67, 69, 135, 136, 137, 141
tool 41, 43, **108**, 113, 117, 127, 129
tore →tear
torn →tear
tough **176**, 180, 183
toy **71**, 75, 81
trade 動 203, **276**, 280, 281, 285
trade 图 **87**, 92, 95
trade goods **234**, 237, 243
trader **203**, 206, 211
trading company **203**, 206, 211
tradition **70**, 74, 81, 123
traditional **123**, 126, 129
travel **22**, 24, 27, 30, 33, 67, 69, 75, 81, 215, 219, 240, 243
travel back in time **221**, 225, 231
treaty **220**, 224, 231, 282, 285
tremendous 28, 268
trend **268**, 270, 275
trial **214**, 217, 219
tribe **186**, 192, 199, 227, 231
trick 39, 43, **62**, 66, 69, 102, 107
tropical forest **84**, 88, 89, 90, 91, 95
true 154, 159, **188**, 196, 201, 239, 243
truth 151

truthfully **151**, 155, 159
two-thirds **85**, 89, 95
typically **266**, 269, 275

U

uncomfortable **175**, 179, 183
underground **161**, 165, 171
uneven **86**, 90, 95
unite **34**, 38, 43
United Nations, the **86**, 91, 95, 112, 117, 126, 129, 259, 265
United States government, the **97**, 101, 103, 107
unity **37**, 41, 43
unlike **161**, 165, 171
unofficially **277**, 280, 285
unpleasant **185**, 189, 199
unusual **247**, 250, 255
up to ～ **120**, 124, 129
upper 203
usual 247

V

vacuum cleaner **267**, 270, 275
valuable **86**, 90, 95, 124, 129, 234
vampire bat **163**, 167, 173
vast 28, 268
verdict 235
victim **163**, 168, 173, 272, 275
victory **37**, 41, 43
Viking **234**, 237, 243
violate **152**, 155, 159
violation 152
visitor **143**, 145, 149
vitamin **122**, 125, 129
vividly **55**, 58, 61
volcano **28**, 30, 33
vote **97**, 101, 107, 114, 117

W

wake up 185
Wall Street **202**, 205, 207, 211
war 185
warn **132**, 135, 141

warning 132
wave **28**, 30, 33
wealth 278
wealthy **278**, 282, 285
weigh **160**, 164, 171
weight 160
weight-loss program **174**, 178, 183
well-being **123**, 127, 129
West, the **142**, 144, 149
wetland **258**, 261, 265
whale shark **246**, 249, 255
what is called ～ **223**, 228, 233
what we[you, they] call 223
wheat **257**, 260, 265
whenever **122**, 126, 129
whole new **214**, 217, 219
wicked 186
wide range of ～, a **268**, 271, 275
wife **39**, 43, 48, 53, **212**, 215, 219
wild animal **163**, 167, 173, 261, 265
will of God, the **36**, 40, 43
win one's struggle **37**, 41, 43
wing **160**, 164, 165, 171
wire **96**, 100, 107
wise **236**, 241, 245
wish 188
with ～ in one's head **185**, 190, 199
won →win one's struggle
wooden **62**, 65, 69
work on ～ **98**, 102, 107
World Bank, the **258**, 261, 262, 265
World Health Organization, the **120**, 124, 125, 129, 135, 140
worried 207, 211
worry **187**, 194, 201
writer **62**, 65, 69, 190, 199, 216, 217, 219, 240, 243
written language 221

- ■著　者　小倉慶郎（おぐら・よしろう）
  東京都生まれ。学習院大学大学院イギリス文学専攻博士前期課程修了。現在は、大阪府立大学総合教育研究機構、准教授（英語教育、通訳・翻訳論、異文化コミュニケーション）。通訳者、翻訳家。主な通訳業績として「日英高等教育シンポジウム」、「G8環境大臣会合」、翻訳書に『静かなる戦争』（ハルバースタム、PHP研究所）、『奇跡の人　ヘレン・ケラー自伝』（新潮文庫）、語学書として『プロ通訳養成メソッド活用　VOAリスニングトレーニング』、『BBC WORLD 英語リスニング　シャドーイング』（いずれも三島篤志との共著；DHC）などがある。
- ■編集協力　東京出版サービスセンター
- ■ナレーション　Bill Sullivan、末広矩行
- ■CD編集　スタジオ ユニバーサル
- ■ページレイアウト　BULAN GRAPHIC
- ■カバーイラスト　HACH
- ■装　丁　渡邊正

30分で50語を記憶！高速マスター英単語

2007年3月22日　初版　第1刷
2007年7月9日　　　　第5刷

著　者　小倉慶郎
発行者　吉田嘉明
発行所　株式会社DHC
　　　　〒106-0041　東京都港区麻布台1-5-7
　　　　03-3585-1451（営業）
　　　　03-3585-1581（編集）
　　　　03-5572-7752（FAX）
　　　　振替　00160-6-716500
　　　　印刷所　株式会社ルナテック

Ⓒ Yoshiro Ogura 2007 Printed in Japan
落丁・乱丁本はお取り替えいたします。

ISBN978-4-88724-441-2 C0082

DHCの好評既刊本

BBC WORLD 英語リスニング CDブック

UKニュース入門	三島篤志/小倉慶郎
シャドーイング	三島篤志/小倉慶郎
ニュースセレクション2002-2003	各1890円
サイトトランスレーション	三島篤志/小倉慶郎
	2100円

ニュース・時事問題　ビジネス・金融
文化・社会　　　　芸術・エンターテイメント
科学・環境　　　　　　　　　　各1680円

UK発信のニュースでイギリス英語をリスニング！ ナチュラルスピードの英語ニュースがそのまま理解できるようになる。

ゆっくりだから聞きとれる！
英語がわかるリスニング
VOAスペシャルイングリッシュ **CD2枚+ブックレット**

DHC出版事業部 編集部 編　　　　　1260円

ゆっくりめの英語でしっかり理解。多岐にわたる話題だから興味を持って聞くことができる！ ブックレット付き。

ゆっくりだから聞きとれる！
続・英語がわかるリスニング
VOAスペシャルイングリッシュ **CD2枚+ブックレット**

DHC出版事業部 編集部 編　　　　　1260円

ベストセラー待望の続編。速すぎて聞きとれない英語より、しっかり聞きとれて理解できる英語で始める、英語リスニングの新定番。

（価格は税込）

◆ DHCの好評既刊本

プロ通訳養成メソッド活用
VOAリスニングトレーニング
三島篤志／小倉慶郎　　　**CDブック**　1785円

プロ通訳養成学校の現役講師が教える実践的リスニング講座。ナチュラルスピードの英語が頭から理解できるようになる！

確実に英語力が上がる
シャドーイング&ディクテーション
浅野恵子　　　**CDブック**　1680円

リスニング・スピーキング力アップに最も効果的なトレーニング。LとRなど日本人が苦手な音変化を克服できる。

ドラマで英語リスニング
バンクーバー・ストーリー
大杉正明 監修　イーオン・デジタル・ワークス 編著　**CDブック**　2100円

カナダを舞台にした本格的なドラマで学ぶナチュラルスピードの英語。何度も繰り返し聞けば確実にリスニング力が身につく！

大杉正明のWhat's New Today？
大杉正明 監修　イーオン・デジタル・ワークス 編著　**CDブック**　1680円

身近な話題をネイティヴと話そう！　リスニング&スピーキング力が楽しみながら身につく。生活に密着した話題全51話収録。

トップダウン式ニュース英語のリスニング
基礎編　改訂新版
森田勝之　　　**CDブック**　1890円

リスニングテスト対策に最適！　12分野・48本の多彩なアメリカニュースを収録。CDはHighとLowの2段階スピード。

（価格は税込）